Carsten Schulte

SC Preußen Münster

Fußballfibel

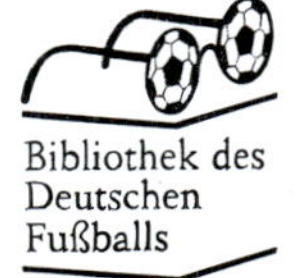

Herausgegeben von Frank Willmann

Autor:

Carsten Schulte, Jahrgang 1971, ist ein gebürtiger Westfale. Geboren und aufgewachsen in Laer, landete er über Altenberge und Greven am Ende in Münster. Dort lebt er seit Anfang der Neunzigerjahre. Zum SC Preußen brachte ihn seine erste Freundin, was nicht ganz als typische Fußball-Sozialisation durchgehen dürfte. Zunächst war er Buchhändler – Stift und Tastatur waren ihm seit seinen Gehversuchen bei der Schülerzeitung Stadtgräber am Paulinum jedoch näher. Nach einem Volontariat arbeitete er bis 2019 als (Online-)Redakteur in den Verlagshäusern Lensing (Dortmund) und Aschendorff (Münster). Im Sommer 2019 machte er sich mit dem Fußballportal 100ProzentMeinVerein.de selbständig. Sein Herz schlägt vor allem für seine Frau und seine zwei Kinder und der Rest für den SC Preußen Münster.

Bildnachweis:

Alle Bilder: Carsten Schulte

ISBN: 978-3-7308-1665-3
Die Deutsche Nationalbibliothek verzeichnet diese Publikation in der Deutschen Nationalbibliografie; detaillierte bibliografische Daten sind im Internet über http://dnb.d-nb.de abrufbar.

Verlag:

CULTURCON medien
Inh. Bernd Oeljeschläger
Melanchthonstraße 13 · 10557 Berlin
Telefon 030 / 3439 8440 · www.culturcon.de
Redaktion und Lektorat: Anne Hahn
Gestaltung und Satz: Burkhard Kehl, Berlin
Coverentwicklung: Marcus Gruber, Berlin
Druck: Florian Isensee Gmbh, Oldenburg

Wer sind wir?

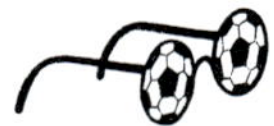

Alles auf Anfang. Dritte Liga ade, willkommen in der Regionalliga. Die Adler sind gelandet, leider im falschen Horst. Schon wieder Vierte Liga. Das zweite Mal in bisher 114 Jahren Preußen Münster. Hallo Bergisch Gladbach, Lippstadt, Rödinghausen. Straelen und Ahlen. Tschüss Duisburg, Kaiserslautern, Rostock und Magdeburg. Der Abstieg kam unerwartet, aber nach dem Saisonverlauf nicht mehr überraschend. Um ehrlich zu sein, war das insgesamt schon verdient. Wer seit dem 10. Spieltag ununterbrochen auf einem Abstiegsplatz steht, hat in der Liga normalerweise nichts mehr zu suchen. Dabei hatten wir die Regionalliga doch gerade erst hinter uns gelassen. Im Mai 2011 stürmten wir den Platz im Preußenstadion. Ein lauer Frühsommertag. 18.500 Fans in Ekstase, sogar Gladbachs Trainer Sven Demandt grinste am Spielfeldrand über die aufgeregten Preußen. Die, also wir, gewannen gegen seine Fohlen mit 3:0. Das war der Aufstieg in die Dritte Liga. Demandt war es ziemlich egal und wir sangen dann alle *Nie mehr Vierte Liga, nie mehr, nie mehr!*

Das war leider gelogen.

Immerhin: Neun Jahre hat sich der SC Preußen anschließend in der Dritten Liga gehalten. Das reichte, um zum „Dino" der Spielklasse zu werden. Neun Jahre brachten 473 Punkte in 342 Spielen, Platz sechs in der ewigen Tabelle der Dritten Liga. Jetzt sind wir zurück bei den fast Vergessenen. Ziemlich hart kommt die Erkenntnis, dass es beim letzten Abstieg fünf lange Jahre dauerte bis zur Rückkehr. Endlose fünf Jahre in Emsdetten, in Rheine, im trostlosen Bonner Sportpark, bei Regenwetter in Gladbeck, dazu die Spiele in den runtergerockten Buden in Erkenschwick und Herne. Hüls. Kleve. LU-Oggersheim, Cloppenburg. Was macht eigentlich Cloppenburg? Ach so, Landesliga.

Absturz mit Ansage

Damit wir uns nicht missverstehen: Unfälle waren weder der Abstieg 2006 noch der von 2020. Beide hatten sich in der einen oder anderen Form abgezeichnet. Vor allem der Absturz 2006 kam mit langer Ansage und ironischerweise begann alles mit einem Fast-Aufstieg. Es gab ja diese eine Saison 2000/2001, als die Preußen schon mit einem Bein in der Zweiten Bundesliga standen. Dann kam das verfluchte Auswärtsspiel bei Fortuna Köln und der nicht minder verfluchte Frank Döpper. Der machte mit seinem Ausgleichstor alles kaputt. Nichts gegen Frank Döpper, er war ein feiner Kerl und (auch) wegen dieses Tores verpflichtete ihn der SCP etwas später selbst. Darum geht's auch gar nicht. Münster war nah dran am Aufstieg, wieder mal. Aber dann vergeigte er es ebenso verlässlich auf den letzten Metern. Diese Art von Enttäuschungen ziehen sich durch viele Fan-Generationen in Münster. Jeder kann seine eigenen Lieder des Scheiterns singen, alles ziemlich klagvolle Lieder. Die Älteren hadern mit einem 4:1-Sieg gegen Borussia Dortmund, andere bejammern einen furchtbaren Tag gegen Wuppertal 2006. Ein Spiel in Unterhaching 2013. Meppen 2020. Spiele zum Vergessen, die sich leider eingebrannt haben. Wir haben mit den Adlern eine Menge durchgestanden.

Aber der Reihe nach. Vielleicht passt es zu unserer Geschichte, dass am Anfang eine Frage steht. Was wird denn nun aus dem SC Preußen Münster? Die Antwort steht in weiten Teilen aus, während ich diese Zeilen schreibe. Unklarheit herrscht. Wer die Fußballfibel in den Händen hält, ist längst schlauer, mindestens ein bisschen.

Ich erinnere einmal kurz: Im Frühjahr 2020 drehte sich beim SC Preußen alles um etwas Hoffnung. Würde der Klassenerhalt noch gelingen? Und wenn nicht: Wie ginge es dann weiter? Was für ein Klub würde am Ende auf uns warten? Diese Fragen sind der Ausgangspunkt eines Buches, welches versucht, sich einem Klub zu nähern, der manchmal schwer zu fassen ist.

Die Ungewissheit ist als Spannungsbogen gleichermaßen naheliegend wie symbolträchtig. Denn der Klub weiß ja nicht einmal selbst, wer und was er eigentlich ist. Er muss sich erst noch neu erfinden, vielleicht zum ersten Mal seit 1906.

Zuvor müssen wir verstehen, in welcher Weise sich unser Klub, das Bundesliga-Gründungsmitglied, zuletzt verändert hat. Selten in den vergangenen Jahrzehnten, eigentlich niemals zuvor, hat sich der SCP in so kurzer Zeit derart gehäutet und verwandelt wie in der vergleichsweise kurzen Phase zwischen 2016 und 2020. Aus dem mittlerweile 114 Jahre alten Sportclub, dem eingetragenen

Verein, wurde 2018 eine GmbH & Co. KGaA. Was in den Jahren zuvor verwaltet wurde, bekam ab Oktober 2016 den Stempel „Eilt". Dazu kommen wir später. Auch zu großen Hoffnungen und enttäuschten Erwartungen.

Während die ersten Seiten dieses Buches entstehen, weiß im deutschen Fußball niemand, wie der Fußball in Zukunft aussieht. Aber nicht nur der Fußball. Alles ruht, das Leben kommt zwischendurch zu einer unerwarteten Pause. Die Bilder von geschlossenen Geschäften, Masken, Warteschlangen vor Supermärkten werden haften bleiben. Klopapier! Seife! Mehl und Hefe! Kleine Schätze in seltsamen Zeiten. Leere Flughäfen und Bahnhöfe, Abstand halten! Social Distancing. Später „Hygienedemos", Unzufriedene auf der Straße. Corona-„Kritiker". Maskenball auf der Straße. Wie unwirklich kam uns allen das vor wenigen Monaten vor. Wie seltsam vertraut wirkt das heute. Und mittendrin der Fußball und die Adler. Den SC Preußen Münster erwischte die Pause ziemlich kalt in seinen Anstrengungen, irgendwie die Klasse zu halten. In der Dritten Liga zu bleiben trotz einer schlimmen Hinrunde. Aber nach dem bitteren 1:2 bei Viktoria Köln knipste Covid-19 Mitte März 2020 den Sport aus. Das Virus. Mit 27 Punkten für die Adler und damit sechs Punkten Rückstand auf einen Nichtabstiegsplatz fror es die Tabelle ein. Zementierte die Abstiegssorgen auf Wochen und Wochen.

Saison ohne Konjunktiv

Dabei war der im Winter verpflichtete Trainer Sascha Hildmann doch gerade drauf und dran, dem Team neuen Mut einzuhauchen. Im Januar hatte er die verunsicherte Mannschaft übernommen und ihr eine einfache, aber extrem wirksame Medizin verpasst. Struktur und Ordnung. Positionstreue. Hinten alle Schotten dicht, im Ballbesitz schnell umschalten, hoffen auf einen Geistesblitz. „Vorne machen wir immer einen", lautete das Mantra aller Beteiligten. Aber hinten musste die Null stehen. Möglichst lang, möglichst häufig. So wird in dieser Spielklasse Fußball gearbeitet und so holten die Adler in den ersten Spielen unter Hildmann elf Punkte aus sieben Spielen. Damit durften alle etwas durchatmen. Es schien, als habe Hildmann den Schalter gefunden und umgelegt. Dann kam das Spiel beim direkten Konkurrenten Viktoria Köln. Der letzte Aufgalopp vor der langen Auszeit. Rund 1.200 Fans begleiteten das Team in den Kölner Sportpark Höhenberg. Sie sahen eine dieser typischen Fußball- oder Sportgeschichten. Die Preußen führten, hatten alles im Griff, aber eine späte Rote Karte gegen Fridolin Wagner brachte plötzlich und schmerzhaft Unruhe ins Spiel und erlaubte damit der Viktoria zwei schnelle Tore. Ein Zufallstor, ein Freistoß. So läuft das eben im Sport. Dennoch: Unter Hildmann befand sich der SCP im Frühjahr 2020 auf dem richtigen Weg. Wäre dies die Hinrunde gewesen, würden die Adler mit dem neuen Punkteschnitt aus dem sicheren Mittelfeld grüßen und ganz sanft in Richtung Spitzengruppe schauen. Beim Trainingsauftakt Anfang August 2020 sagte Hildmann den 250 anwesenden Fans voller Überzeugung: „Wenn Corona nicht dazwischengekommen wäre, hätten wir es geschafft." Aber der Fußball lebt leider nicht im Konjunktiv.

Dass es so weit kam, lag an der Hinrunde. Drei Siege aus 19 Partien. 39 Gegentore. Platz 18. Das Experiment mit Sven Hübscher, dem langjährigen Schalker Co-Trainer, scheiterte am Ende krachend. Über die Gründe wird man irgendwann einmal so detailliert diskutieren können wie nach dem Regionalliga-Abstieg 2006. Im Januar 2020 wussten viele wieder vieles besser, hatten es von Anfang an gewusst. Die Hinterher-Besserwisser. Das gehört unweigerlich zu diesen Geschichten. Hübscher war der Schachzug von Sport-Geschäftsführer Malte Metzelder. Nachdem Vorgänger Marco Antwerpen bereits Weihnachten 2018 die Entscheidung getroffen hatte, den SC Preußen zum Saisonende zu verlassen, musste Metzelder etwas Neues schaffen. Antwerpen ahnte früh, welche begrenzten Mittel die Preußen im Sommer 2019 würden einsetzen können. Aber mehr noch: Er ahnte, dass seine Meinung dazu und seine Forderungen nicht gehört würden. Es gehört auch zur Geschichte des früheren Stürmers, dass er selbst immer Herr seiner eigenen Geschichte sein wollte. In all seinen Klubs zuvor war es immer Antwerpen, der über den Abschied entschied. So verließ er RW Ahlen, so verließ er 2017 den FC Viktoria Köln, um zum SC Preußen zu wechseln. Auf besondere Weise bitter und

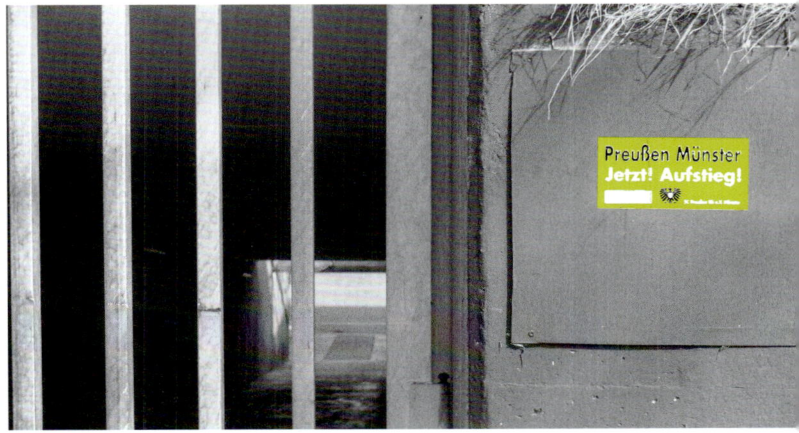

Erinnerungen an gescheiterte Aufstiegshoffnungen

ironisch war, dass er später Eintracht Braunschweig zwar zum Aufsteiger machte, aber sein Vertrag dort nicht verlängert wurde. So seltsam ist der Fußball häufig. Klar war, dass die Preußen nach Antwerpens Abschied jemanden suchten, der Erfahrung im Profifußball besitzt, junge Spieler integrieren kann und bereit ist, sich auf das Abenteuer Preußen Münster einzulassen. So einer war Hübscher, den Metzelder von Werder Bremens U23 weglotste. Auf dem Papier die perfekte Besetzung. Hübscher versteht viel von Fußball, das ist ja unstrittig. An einer entscheidenden Stelle konnte er aber nichts zum Guten wenden. Die Mannschaft büßte im Sommer 2019 viel Qualität ein. Der Abgang von Spielern wie Sandrino Braun, Martin Kobylański, René Klingenburg oder Fabian Menig riss Löcher, die der SCP nicht stopfte. Einige Personal-Entscheidungen waren dem Prinzip Hoffnung geschuldet, aber noch viel mehr den klammen Kassen des Klubs. Als der SC Preußen Anfang 2020 seine Mitglieder zur Jahreshauptversammlung bat, gab ein ernüchterter Geschäftsführer Bernhard Niewöhner zu, dass man vielleicht die „Spar-Schraube" etwas überdreht habe. Aber da war es schon zu spät.

Den Saisonstart bekamen die Adler mit Glück noch geschaukelt. Ein Punkt zum Auftakt in München, dann ein Sieg gegen Jena. Das 0:2 in Duisburg war ein Vorgeschmack auf den Absturz, aber galt im Juli 2019 noch als Ausrutscher bei einem Spitzenteam. Und dann kam der 1. FC Kaiserslautern. Mitten im Sommer brannte die Luft im Preußenstadion, als die Preußen erst einen Elfmeter parierten, im Gegenzug selbst trafen und später den FCK dank eines Eigentors schlugen. Es war der letzte große Jubel der Preußen für lange, lange Zeit. Von da an passte nichts mehr zusammen. Im Mittelfeld stimmte die Ordnung nicht mehr, das sorgte auch in der Abwehr für Chaos. Die Folge? Gegentore, Gegentore, Gegentore. Als Sven Hübscher nach einem 1:3 gegen Mannheim freigestellt wurde, hatte kein Drittligateam mehr Gegentore kassiert als die Adler. Natürlich wusste der Ex-Bremer das und Hübscher suchte verzweifelt nach Lösungen, aber irgendwann waren die Spieler eben nur noch mit sich selbst beschäftigt. Spieler, die als Stützen eingeplant waren, verloren erst den Überblick und dann das Vertrauen in sich selbst. Im Sport entwickelt sich so eine eigene Dynamik, die man nicht immer beeinflussen kann. Innenverteidiger Ole Kittner hatte nach einer der vielen Niederlagen resigniert ausgesprochen, was vermutlich viele Spieler fühlten. „Ich schaffe es im Moment nicht, Ordnung reinzubringen." Man wollte ihn umarmen. Das Chaos, die Verzweiflung war zu spüren, überall auf dem Platz. Lange schaute Malte Metzelder zu. Vermutlich war das eine Mischung aus Hoffnung, aus Trotz und der Überzeugung, dass Mannschaft und Trainer weiter ein Team bildeten. Es war ja auch nicht so, dass die Mannschaft gegen den Trainer arbeitete. Es war noch eine funktionierende Gemeinschaft, die das unvermeidliche Ende lange hinauszögerte.

Metzelder reagierte spät, vielleicht zu spät. Alle Kontrollmechanismen (falls es denn überhaupt welche gab) versagten. Erst kurz vor der Winterpause trennte sich der Klub von Sven Hübscher. Unter Interimstrainer Arne Barez holte der SCP Mitte Dezember 2019 den ersten Sieg seit August. Aber auch zwei schmerzhafte Niederlagen in Meppen und gegen 1860 München. Die Winterpause war so etwas wie der Rettungsring, die übliche Auszeit gab den Preußen etwas Zeit zum Durchatmen. Neuer Trainer wurde Sascha Hildmann und mit ihm kamen die drei Neuzugänge Jan Löhmannsröben, Oliver Steurer und Marco Königs, die das Gefüge änderten. Drei Spieler, für die Sponsoren und auch

Fans neues Geld gaben, lauter Hoffnung überall. Bis Covid-19 den Fußball und das öffentliche Leben stoppte.

Und nun dürfen wir einen kurzen Sprung in die Gegenwart wagen. Hier also steht der SC Preußen Münster. Den Abstiegskampf haben die Adler Anfang Juli 2020 verloren. In der wichtigen Phase zum Saisonende hin war die Kraft weg. Der fünf Wochen lange Dauer-Druck (alle drei bis vier Tage ein Spiel) wurde größer und größer. Hinten kassierte der SCP unfassbare Gegentore, vorne ging den Preußen die Luft aus. In den letzten acht Saisonspielen erzielte das Team nur vier Tore – zwei davon im Saisonfinale beim völlig unbedeutenden 2:2 in Magdeburg. Abgestiegen war die Mannschaft schon vier Tage zuvor nach dem bitteren 0:3 gegen den SV Meppen. So richtig zu fassen war das erst, als Ende Juli 2020 der Spielplan erschien. Zum Auftakt nach Rödinghausen, dann gab sich Bergisch Gladbach im Preußenstadion die Ehre. Das war schon arg viel Realität und vermutlich traf diese Erkenntnis auf eine Kaderplanung, die im Sommer nicht für viel Vertrauen sorgte. Anfang August hatte der SCP erst zwei Neuzugänge verpflichtet. Aufbruchstimmung? So lala. Immerhin blieben Simon Scherder und Max Schulze Niehues, zwei langgediente Preußen, zwei Münsterländer.

Trotzdem: Wir alle mussten diesen zweiten Abstieg in die Viertklassigkeit noch verdauen. Zurück im Amateurfußball, aber mit dem Kopf noch halb im Profifußball. Genau dieses Dilemma war nicht zu lösen. Abstieg statt großer Träume.

Ein Klub, der nicht wirklich weiß, wofür er stehen soll und von dem auch die Stadt Münster nicht weiß, was sie von ihm halten soll. Ein Klub, der sich ein Leitbild geben will und gerade erst feststellt, dass ihm dazu das Selbstbild fehlt. Ein Klub, dessen Zukunft von einem Stadionumbau abhängt, der politisch und gesellschaftlich nicht so sicher ist, wie die Beteiligten das sagen, glauben oder hoffen. Die Gründe für die heutige Lage liegen teilweise im Gestern und Vorgestern. Um das zu verstehen, tauchen wir in die Geschichte des Klubs ein.

Dabei, selten mittendrin

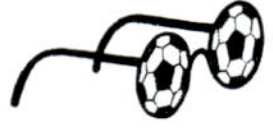

Die Rückschau beschränkt sich auf die „Neuzeit" des Fußballs, also im weitesten Sinne die Zeit nach dem Ende des Zweiten Weltkriegs. Die Zeit, in der in Fußball-Deutschland langsam eine professionelle Struktur entstand. Alles andere davor war wild und ungezähmt. Also: Die Preußen feierten 1946 ihren 40. Geburtstag kurz nach Ende des Zweiten Weltkriegs. Ehrengäste waren die „Kanalkicker" von Münster 08, aber auch ein gewisser 1. FSV Osnabrück, der sich erst kurz danach wieder VfL nannte. Ab Sommer 1947 spielte der SCP in der Landesliga Westfalen und wurde dort Meister. In fünf (!) Entscheidungsspielen gegen Recklinghausen sicherte sich der SC Preußen den Aufstieg in die damalige Oberliga West, die höchste Spielklasse in Deutschland. Erstklassig. Wenn man so will, bildete sich hier das Selbstverständnis vieler Fans. Und warum auch nicht? Die Adler verkehrten fortan und für Jahrzehnte im Kreis renommierter Gegner. Borussia Dortmund, FC Schalke 04, Fortuna Düsseldorf, Alemannia Aachen, RW Oberhausen. Gleich im ersten Jahr wurde Münster Vierter.

Es begann die „goldene Ära" der Preußen. Über den „100.000-Mark-Sturm" und das Jahr 1951 können Fans der Schwarz-Weiß-Grünen noch heute referieren. Weil die Preußen 1951 hinter Schalke den zweiten Platz in der Oberliga erkämpft hatten, durften sie in die Endrunde um die Deutsche Meisterschaft einziehen. Legendäre Spiele, in denen die Preußen den ruhmreichen 1. FC Nürnberg schlugen, auch den Hamburger SV. Zwei spektakuläre Spiele sicherten den Adlern den Sieg in der Endrunde: Mit dem 6:4 gegen Nürnberg legte der SCP die Basis, ein unfassbares 8:2 bei Tennis Borussia Berlin machte es perfekt. Münster zog ins Endspiel um den Meistertitel ein. Der 30. Juni 1951. Berlin, Olympiastadion. 100.000 Zuschauer sahen das Duell 1. FC Kaiserslautern gegen Preußen Münster. Horst Eckel und die Walter-Brüder gegen *Fiffi* Gerritzen, *Adi* Preißler und *Siggi* Rachuba. Gerritzen traf zur Preußen-Führung, Ottmar Walter drehte das Spiel spät zum 2:1-Sieg für die Roten Teufel. Münster verlor das Endspiel und wurde nach seiner Rückkehr in der Stadt dennoch gefeiert. Es gehört zu den bittersüßen Erinnerungen dieses Klubs, dass eine Niederlage der größte Vereinserfolg wurde.

1951 bildete auch den Höhe- und Wendepunkt dieser Mannschaft. In den Jahren danach kam Münster nur noch selten der Spitzengruppe nahe. Wenn es um Meistertitel ging, lief im Westen vieles über die großen Klubs wie Schalke, den BVB, den 1. FC Köln, zwischendrin auch mal RW Essen. Die Preußen waren dabei, spielten aber selten eine erhebliche Rolle. Vielleicht hilft diese Tatsache etwas dabei, die richtige Perspektive zu bekommen. Ähnlich verliefen die jüngsten Jahre in der Dritten Liga. Dennoch sollte man unseren Verein und seine Spielweise in den Fünfziger- und Sechzigerjahren nicht unterschätzen, die Adler behaupteten ihren Platz zwischen all den Großen. Sie waren einer davon, irgendwie.

Klubs kamen und gingen, viele gibt es gar nicht mehr oder sie sind im Amateurfußball verschwunden. SV Sodingen, Westfalia Herne, Erkenschwick, TSV Marl-Hüls, RW Oberhausen, Schwarz-Weiß Essen. Die alte Oberliga West ist die Wiege vieler Geschichten und großer Zeiten. Dass die Preußen wie selbstverständlich Teil davon waren, ist Realität und einfach Teil der Klub-DNA. Fluch und Segen, wie wir in den vergangenen drei Jahrzehnten auch erfahren haben.

Exakt 444 Spiele absolvierte der SCP zwischen 1947 und 1963 in dieser Oberliga. Ein langer Anlauf zum großen Ruhm: Es begann die Zeit der Bundesliga.

Auf in die Bundesliga

Deutschland entschied sich erst 1963 und damit spät für eine wirklich professionelle und eingleisige Profiliga. Die neue Klasse startete mit nur 16 Teams. Wer dabei sein durfte, war mittendrin. Münster war es. Eines der 16 ehrwürdigen Gründungsmitglieder der Bundesliga. Noch vor dem FC Bayern München, der zunächst nicht zugelassen wurde. Es gab durchaus Streit über Münsters Rolle. Andere Klubs wie Alemannia Aachen sahen sich benachteiligt. Aber die Preußen waren dabei. 16 Teams für die Ewigkeit, Fußballgeschichte in Deutschland. 1. FC Köln, Meidericher SV, Eintracht Frankfurt, Borussia Dortmund, VfB Stuttgart, Hamburger SV, TSV 1860 München, FC Schalke 04, 1. FC Nürnberg,

Werder Bremen, Eintracht Braunschweig, 1. FC Kaiserslautern, Karlsruher SC, Hertha BSC, Preußen Münster, 1. FC Saarbrücken.

Die Bundesliga-Geschichte der Preußen ist leider zu schnell erzählt. Münster startete mit einem 1:1 gegen den Hamburger SV. Übrigens vor rund 38.000 Zuschauern, damit war das Preußenstadion das erste ausverkaufte Stadion der Bundesliga-Geschichte. Der Hamburger SV erinnerte über viele Jahre an seine Bundesliga-Premiere im Preußenstadion, indem er ein Stück in Acryl eingelassenen Rasen von der Hammer Straße in seinem Mannschaftsbus durch die Republik fuhr.

In den Wochen und Monaten nach dem Auftakt in der neuen Liga hielt der SCP sich wacker und immer knapp über den Abstiegsrängen. Am 25. Spieltag rutschten die Adler aber endgültig auf den Abstiegsplatz 15 und blieben dort bis zum Saisonende. Tabellenletzter war der SC Preußen Münster in der Bundesliga niemals, dort rangierte die meiste Zeit über der 1. FC Saarbrücken. Gerüchte über eine Spielmanipulation des direkten Abstiegskonkurrenten Hertha BSC in der Schlussphase der Spielzeit werden in Preußenkreisen noch heute gepflegt. Die Eckdaten dieser einen Bundesliga-Saison sind nichtsdestotrotz Legende. Vor allem diese Marke: Münster war das einzige Gründungsmitglied, das nach dem Abstieg niemals wieder in der Bundesliga spielte. Das ist so ein Fakt aus der Kategorie „Wer wird Millionär", aber schon im Bereich der 32.000-Euro-Frage, weil die Erinnerung oder das Wissen darüber mittlerweile fast 60 Jahre zurückreicht …

Wie auch immer: Die Jahre nach dem Abstieg verbrachten die Preußen in der Zweitklassigkeit. Zunächst in der alten Regionalliga West – mit allerdings nicht minder bekannten Klubs wie Borussia Mönchengladbach, Arminia Bielefeld oder Bayer Leverkusen. Im ersten Jahr landeten die Preußen auf Platz acht. Mittelmaß folgte. Ein paar Mal wurde es etwas enger im Tabellenkeller, aber meistens beendeten die Preußen die Spielzeiten im sicheren Mittelfeld.

Als dann 1974 die Zweite Bundesliga ins Leben gerufen wurde, qualifizierte sich der SCP souverän und sicher für die neue Spielklasse. Begleitet wurde er von den West-Klubs aus Wattenscheid, Oberhausen, Bayer Uerdingen, dem 1. FC Mülheim-Styrum,

Borussia Dortmund, Alemannia Aachen, SW Essen und der DJK Gütersloh. Aus den anderen Staffeln der Regionalliga rückten auch Klubs wie der VfL Wolfsburg, der FC St. Pauli, Hannover 96, VfL Osnabrück oder Göttingen 05 hoch. Gespielt wurde anfangs in den zwei Staffeln Nord und Süd. Und wenn je eine echte Chance bestand, dass sich die Geschichte der Preußen hätte nachhaltig verändern könnte, dann war es die zweite Hälfte der Siebzigerjahre. Was viele Jahre später dem 1. FSV Mainz 05 bei seinen gescheiterten Anläufen zum Bundesliga-Aufstieg passierte, erfuhren die Preußen schon früher. In vier Jahren schlitterten die Adlerträger sogar dreimal um Millimeter am Bundesliga-Aufstieg vorbei. Es war die letzte große Zeit eines Preußen-Teams. Es war die Zeit von Spielern wie Rolf Grünther, Benno Möhlmann, Werner Fuchs, Rolf Blau, *Kalle* Krekeler oder Hans-Werner Moors.

In der Saison 1975/1976 landeten die Adler hinter TeBe Berlin und Borussia Dortmund nur auf Platz drei. Und das, obschon ihnen in diesem Frühjahr der längst legendäre 4:1-Sieg gegen den BVB gelang. Den hatte ich eingangs kurz erwähnt. Das Spiel fand im Mai 1976 statt und nur noch das bessere Torverhältnis hielt den BVB nach der Pleite in Münster auf Platz zwei. So nah dran waren die Adler, aber am vorletzten Spieltag patzte der SCP gegen die DJK Gütersloh entscheidend. Das 2:2 für die Gäste in vorletzter Minute zerstörte den Aufstieg für die Adler. Es gehört zu den kleinen Geschichten des Fußballs, dass Gütersloh von *Kalli* Feldkamp trainiert wurde und im Team der Ostwestfalen unter anderem Heribert Bruchhagen spielte.

Der am Ende sinnlose Sieg gegen Dortmund ist in Münster so etwas wie der Treppenwitz überhaupt. Da schlägst du im münsterischen Meimelwetter den großen BVB und hast den Aufstieg auf dem Silbertablett. Und dann stellst du dich später so doof an, dass links und rechts die Konkurrenz vorbeirauscht.

Münster brauchte die folgende Saison (Platz sechs), um sich neu aufzustellen und war 1978 wieder da. Und verlor erneut. Wieder nur Platz drei hinter den Aufsteigern Arminia Bielefeld und RW Essen. Ein mickriges Pünktchen fehlte diesmal. Weil aller guten Dringe drei sind, scheiterte der SCP auch 1979. Während das „Bayer-Duo“ aus Leverkusen und Uerdingen aufstieg, winkte

Münster mit zwei Punkten Abstand wehmütig hinterher. Da half auch das 4:0 am letzten Spieltag gegen den FC St. Pauli nicht mehr. Da war Benno Möhlmann längst verkauft, das war finanziell notwendig, denn die Siebzigerjahre waren für die Preußen auch wirtschaftlich ein Auf und Ab. Aber das ist eine andere Geschichte. Interessierte Fans mögen nach Jürgen W. Möllemann, einem saudischen Scheich oder schwarzen Kassen suchen.

Das bizarre Triple war vollbracht und Münster ging die Puste aus. Die letzten beiden Jahre in der Zweiten Bundesliga beendeten die Adler auf Platz 10 (1980) und Platz 13 (1981). Besonders dieses letzte Jahr war schmerzhaft, denn mit der Platzierung schleuderte der SCP knapp an der Qualifikation zur neuen und eingleisigen Zweiten Bundesliga vorbei. Wattenscheid, Union Solingen, Fortuna Köln, Essen drin. Münster raus.

Wendemarken

Das Jahr 1981 markierte damit eine der großen Wendemarken in der Klubgeschichte. 1951 hatte die Vizemeisterschaft dieses Merkmal, 1963 die einzige Bundesliga-Saison. 1981 stand für Münsters Abschied aus dem Profifußball. Richtig klar und sichtbar wurde das erst in der Rückschau. Münsters enges Verhältnis mit der Erst- und Zweitklassigkeit endete im Frühjahr 1981 mit einem bedeutungslosen 1:3 bei Holstein Kiel. Die Norddeutschen waren auch längst abgeschlagen und hatten sich mit dem Abstieg abgefunden. *Katze* Zumdick im Preußentor musste trotzdem dreimal hinter sich greifen, Münsters letztes Zweitligator für viele Jahre ging auf die Kappe von Karl-Heinz Krekeler, der im Mai 2020 starb. Dann rutschte der SCP runter in die Oberliga Westfalen. Das einen Kulturschock zu nennen, war wohl untertrieben. Der Sprung zwischen Amateurfußball und Bundesliga war nie so groß wie damals. Wer heute aus dem Profifußball absteigt, fällt vielleicht nicht sanft, aber in eine vertraute Umgebung. Profiklubs kämpfen auch in der (eingleisigen) Dritten Liga um Punkte. Aber damals? Statt zum BVB, Hertha BSC oder Aachen reiste der SCP plötzlich zu Teutonia Lippstadt, dem VfB Waltrop, SuS Hüsten oder Hellweg Lütgendortmund. Mit einer fast komplett umgebauten

Elf beendeten die Adler die erste Saison in der Drittklassigkeit auf Platz fünf. Hinter dem TuS Schloß Neuhaus (heute der SC Paderborn 07), dem FC Gütersloh (seither mehrfach pleite und neu gegründet), der SpVgg Erkenschwick und den Sportfreunden Siegen (freiwillig alle Profi-Ambitionen aufgegeben).

Anders formuliert: Die Achtzigerjahre an der Hammer Straße fühlten sich ein bisschen an wie ein langes Warten auf den Bus. Wann holt uns hier jemand ab und fährt uns zurück in die Zweite Bundesliga? Da kamen wir her, dahin wollten wir zurück. Aber Jahr um Jahr in der Oberliga zogen andere Klubs am SCP vorbei. Eintracht Hamm-Heessen. RW Lüdenscheid. DSC Wanne-Eickel. Herrjeh, sogar die Neureichen des ASC Schöppingen, bei denen sich der örtliche Schlachtmeister Heinz Tummel für einige Jahre finanziell austobte und dank illustrer Namen für Furore in der höchsten Amateurklasse sorgte. Namen wie Bernard Dietz oder Klaus Hilpert haben auch heute noch Klang.

Schöppingen, das war der Klub, der im unterklassigen Fußball schon früh im Kleinen vorführte, was später auch andernorts passierte. In Ahlen mit Helmut Spikker, in Hoffenheim mit Dietmar Hopp. In Hannover mit Martin Kind. Es fühlt sich ein wenig wie Gerechtigkeit an, dass es der SC Preußen Münster war, der den ASC Schöppingen viele Jahre später mit einem letzten Tritt durch Heiko Ueding zurück ins fußballerische Nichts schoss. Der Preuße erzielte mit einem strammen Schuss das Tor des Tages. Der 1:0-Sieg des SC Preußen vor rund 12.000 Zuschauern war Münsters Spiel zur Oberliga-Meisterschaft und bedeutete für den ASC den Abschied. Schöppingens Blüte währte nicht lang, aber zum Beginn war der ASC so etwas wie das reale Ärgernis aus der münsterländischen Nachbarschaft, zumindest aus Sicht der Preußen. Die fleischgewordene Erinnerung an die harte Realität in der Drittklassigkeit.

Mein erstes Spiel im Preußenstadion

Gerade war die Rede von Wendemarken. Die nächste Marke ist 1989, das Jahr der Rückkehr der Preußen in die Zweite Bundesliga. Dazu gleich mehr. Aber der Grundstein wurde bereits 1986 gelegt.

Da wurde Helmut Horsch Trainer der Preußen. Unter ihm formte der SCP ein Team, das endlich wieder Ansprüche melden konnte. Langsam wuchs das zweite Team der Klubgeschichte heran, das seinen Namen eng mit der Klubgeschichte verzahnen würde. Das Team um Spielgestalter *Ulli* Gäher. In Horschs Premierenjahr musste sich der SCP noch den Erkenschwickern geschlagen geben – doch die scheiterten wie so viele Westfalenvertreter vor und nach ihnen an den Meistern der übrigen Oberligen. Münsters Trostpreis war die Teilnahme an der Deutschen Amateurmeisterschaft, sozusagen die Trostrunde für die Gescheiterten. Passend dazu scheiterte der SCP hier am FC Bayern München II. Schwamm drüber.

Das zweite Jahr unter Helmut Horsch lief besser, viel besser. Mit sagenhaftem Abstand wurden die Adler Meister. Auch über das, was dann im Frühjahr 1988 geschah, gibt es viele Geschichten. Fehlgriffe von Torhütern, bittere Niederlagen, am Ende stiegen Hertha BSC und Eintracht Braunschweig auf. Nicht aber der MSV Duisburg, der sich von den Adlern betrogen fühlte. Die Zebras mussten zum Schluss der Aufstiegsrunde auf den SCP hoffen, doch der unterlag am letzten Spieltag der Berliner Hertha mit

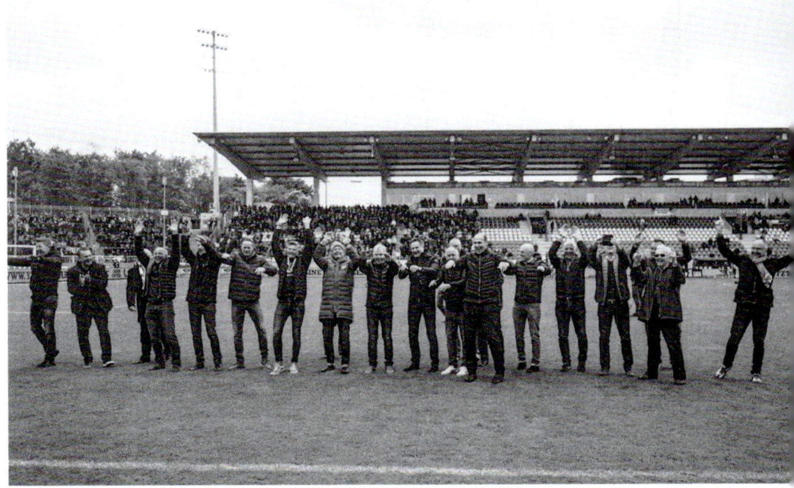

Viele der Aufstiegshelden von 1989 wurden im Sommer 2019 im Stadion gefeiert.

1:4. Ein Unentschieden zwischen beiden Teams hätte Duisburg in die Zweite Bundesliga befördert. Der MSV verdächtigte die Preußen der Bestechlichkeit, man habe sich von den Berlinern kaufen lassen. Die schlechte Laune des Nordrhein-Vertreters bekam der SCP im Jahr darauf zu spüren.

Vorerst nahmen die Preußen ihren dritten Anlauf unter Helmut Horsch. Die Saison 1988/1989 ist Legende. Münster lieferte sich einen brutalen Zweikampf mit Absteiger Arminia Bielefeld. Der letzte Spieltag dieser Oberliga-Saison war der ultimative Showdown und hat sich ins Gedächtnis all jener eingebrannt, die ihn verfolgten. Mehr Spannung ging ja gar nicht. Bielefeld lag einen Punkt vor den Preußen und musste zum VfB Rheine. Münster war ebenfalls auswärts gefordert, hier beim SC Verl. Kraftlos und mit letztem Atem hielt der SCP ein 0:0 an der Poststraße und fühlte sich fast schon als Zweiter. Aber Arminia leistete sich den schlimmstmöglichen Patzer und verlor in Rheine mit 1:2. Das bessere Torverhältnis entschied zugunsten der Adler, die in letzter Sekunde Meister wurden. Viele Preußen waren gar nicht in Verl, sondern schauten in Rheine zu, was der Konkurrent dort machen würde. So kam es, dass in Rheine Preußen und VfB-Anhänger gemeinsam in Jubel ausbrachen.

Ich selbst habe aus verschiedenen Gründen erst wenige Tage später zum ersten Mal das Preußenstadion bei einem Fußballspiel besucht. Den alten Schuppen kannte ich aus der Schulzeit am Paulinum, denn im Stadion fanden gelegentlich Bundesjugendspiele statt. Aber Fußballspiele hatte ich dort zuvor nie gesehen.

Um ehrlich zu sein: Für Fußball hatte ich lange wenig übrig. Das begann erst mit diesem sonderlichen Saisonfinale zwischen Bielefeld und Münster. Wie die Saison ausging, erfuhr ich im Auto bei WDR 2. Ältere Menschen erinnern sich: Im Radio erfuhr man früher, was sonst nicht zu erfahren war. Nix Internet.

Die Umstände dieses Last-Minute-Titels sind Teil der Legende und machten ein Team unsterblich, das noch 30 Jahre später im Preußenstadion frenetisch gefeiert wurde. Das waren meine ersten Preußen-Helden. Gäher. Horsch, die Stech-Brüder, Silberbach, Winter. Helden überall.

Dem Meistertitel ließ die Elf endlich auch die Krönung folgen. Extra für die acht Spiele verpflichtete der SCP noch schnell den Offensivspieler Christos Orkas, heute Scout beim VfL Bochum. Bereits zum Start in die Aufstiegsrunde gewann Münster gegen Göttingen 05, punktete in Havelse und gegen die Reinickendorfer Füchse aus Berlin. Es folgte das glanzvolle Auswärtsspiel im Wedaustadion, wo die Preußen den alten Nordrhein-Widersacher MSV Duisburg mit 3:1 schlugen. Zwei Siege gegen Havelse und Göttingen folgten, aber Duisburg gewann auch. Und weil der SCP den Aufstieg am vorletzten Spieltag mit einem 1:2 in Berlin fast verspielte, wurde das finale Spiel gegen Duisburg wirklich ein Finale. Münster brauchte nur noch einen winzigen Punkt für den Aufstieg. Duisburg hatte den bereits sicher und wollte es den Adlern jetzt heimzahlen. Über 20.000 Zuschauer in der Gluthitze des Preußenstadions fieberten mit. In der Ostkurve, in der ich stand, rauften sich die Fans links und rechts die Haare. Schon Minuten vor Spielende standen hunderte Fans direkt an der Seitenlinie.

Ehrlich: Wenn Leute heute erzählen, wie anders es damals war – glaubt ihnen. Es war nicht besser, nicht ruhiger, es war anders und manchmal war es einfacher. Im Spiel fielen keine Tore, obschon Ludger Pickenäcker nach meiner Erinnerung siebzehnmal ganz allein vor dem Duisburger Torwart Heribert Macherey auftauchte, und überall hin schoss, nur halt nicht ins Tor. Das war Spannung zum Zerreißen, aber dann war es geschafft. Münster kehrte acht Jahre nach dem Abstieg zurück in die Zweite Bundesliga. Das war die Wendemarke 1989. Zurück in der Zweitklassigkeit. Alles würde jetzt gut werden. Oder?

Schwarz-weiß-grüne Farben mit Stolz

Für mich persönlich war 1989 auch ein Wendejahr. Also bezogen auf den Fußball. Noch ehe ich mit meinem Vater staunend verfolgte, was die Mauerspechte in Berlin mit den Resten der deutsch-deutschen Trennung veranstalteten, hatte ich im Frühsommer meinen ersten Stadionbesuch hinter mich gebracht. Münster gegen Göttingen 05 war das erste Live-Fußballspiel meines Lebens. Und ich war da schon 18 Jahre alt. Ein Spätzünder also. Spät, aber im Grunde genau zur richtigen Zeit. Wie das manchmal im Leben so ist.

Es ist ein bisschen seltsam, mehr als 30 Jahre später über diese Anfänge zu schreiben, weil in der Rückschau deutlich wird, welch gewaltigen Teil meines Lebens dieser Klub auf die ein oder andere Weise begleitet hat. Fans eines Vereins wissen, wovon ich rede. Das lässt sich niemandem erklären, dem Fußball fremd ist. Diese Bedeutung, die ein Spieltag hat. Die Tage nach einem Spiel, entweder verbracht mit einem Bauchgrummeln oder einem Hochgefühl. Die Vorfreude und Hoffnung, die jedes neue Spiel begleitet. Das ständige Aufsaugen von Nachrichten rund um „den" Klub. Das versteht keiner, der das nicht selbst fühlt.

Wenn ich es richtig bedenke, ist das Preußenstadion einer der Orte, die in meinem Leben zu den wenigen echten Konstanten zählen. Wie oft ich schon die Hammer Straße gefahren bin! Dabei hat sich das Stadion (wenigstens bis 2008) viel weniger verändert als die Straße selbst. Und der Weg zum Stadion war nicht weniger von Bedeutung als der Stadionbesuch selbst. Ich weiß, dass ich in den Neunzigerjahren aus dem Stadtteil Kinderhaus mit dem Bus Richtung Stadion gefahren bin. Links und rechts einen Schal um die Arme geknotet. Schwarz-weiß-grüne Farben, ein Zeichen an alle: Hier fährt einer zum SC Preußen! In den ersten Jahren dachte ich, das müsste bei Mitfahrern und Passanten selbstverständlich für Bewunderung oder Zuneigung sorgen. Okay, es hat etwas gedauert, bis ich gemerkt habe, dass nicht alle in gleicher Weise für den SC Preußen Münster empfinden … Es ist auch so, dass meine Beziehung zum SCP sich gewandelt hat. Es gab Phasen, in denen mir die Enttäuschung über gescheiterte Hoffnungen den Stadionbesuch kurzzeitig verleidet hatten. Im Herbst 2013 ging mir das mal so, nachdem der SCP seine unfassbare und letztlich nicht erfolgreiche 72-Punkte-Saison gespielt hatte (später mehr über diese Saison). Da habe ich nicht mehr die Kraft aufgebracht, mich ins Stadion zu schleppen, um mir bedeutungslose Mittelfeldspiele anzuschauen.

Ich erinnere mich genau an den Duft des Stadions, dieses Brummen, das 15.000 Fans erzeugen. Bratwurst, Bier. Ein Sieg. Das war so ein Erweckungsmoment, ein Gefühl, welches sich einstellt, wenn etwas geschieht, das sich natürlich und richtig anfühlt.

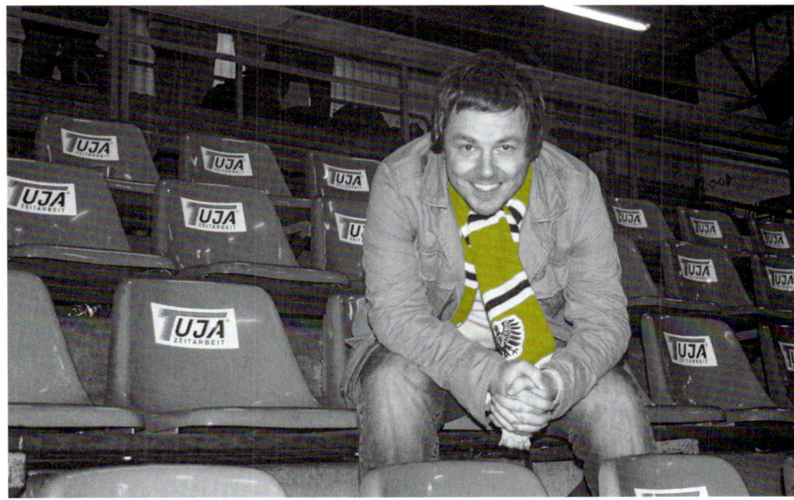

Der Autor auf der alten Tribüne, 2008.

Ja, es gab Dürrezeiten. Und es gab Zeiten, in denen alles Feuer und Flamme war. Nicht Pyrotechnik, sondern emotional. Zeiten, in denen jedes Spiel wichtig war. Mit dem SC Preußen habe ich Städte und Orte in Deutschland kennengelernt, die ich niemals sonst besucht hätte. Im Ernst. Aalen. Sandhausen. Heidenheim. Aue. Also Heidenheim: Da saßen wir nach einem Spiel mal in einem Hotel-Biergarten, als freundliche Zivilpolizisten uns darauf hinwiesen, dass hier gleich die „Heidenheim-Ultras" vorbeikämen und die würden dann sicher … naja, am Ende sind wir mit einigen von ihnen gemeinsam durch die Stadt gezogen. War nett.

Die Landkarte eines Fußballfans sieht ziemlich bunt aus, selbst wenn es nur die Landkarte eines Drittligisten war. Es gibt kein Bundesland, das ich nicht mit den Preußen bereist hätte. Von Kiel über Braunschweig und Erfurt, Bayreuth nach München. Von Aachen nach Aue und Dresden. Rostock oder Saarbrücken, Hauptsache Bayern. Und überall fanden sich andere Fans, mit denen es eine gemeinsame Basis gab. In Trier stellten wir uns dem Fanmarsch der heimischen Fans entgegen, in Meppen tanzten wir am Vorabend eines Spiels in einer fragwürdigen Diskothek zu fragwürdiger Musik. In Mannheim landeten wir in einer obskuren Bar, die offensichtlich eher Tarnung für irgendeine andere Sache war. In Lüdenscheid bin ich zu Beginn der Neunzigerjahre, damals noch ohne Navi, durch die Stadt gekurvt, kreuz und quer, auf der Suche nach dem Stadion Nattenberg. Entnervt parkte ich irgendwann in einem Waldstück und fragte einen Fußgänger nach dem Stadion. Nun ja, es war der Stadionparkplatz. Rot-Weiß Lüdenscheid! Ich habe die alten Stadien in Offenbach, Aachen, Erfurt oder Darmstadt noch gesehen, habe mir auf der alten Holztribüne im Paderborner Hermann-Löns-Stadion Splitter eingefangen.

Ich habe auch mein Nordrhein-Westfalen ganz neu entdeckt. Es dürfte nicht mehr viele Stadien geben, die ich noch nicht besucht habe. Ob Gevelsberg oder Brakel, Marl oder Clarholz. Du kommst rum, wenn du deinem Fußball folgst. Und gelernt habe ich auch. Der SCP war das Thema meiner ersten Geh-Versuche im Internet. Meine selbstprogrammierte Homepage zum SCP war das Ergebnis meines Interesses für HTML. Es spielte damals auch keine Rolle, dass die Seite aus unerfindlichen Gründen blau und weiß gehalten war. Es stand Preußen drauf, also gut.

Heute ist meine Beziehung zum SCP eine andere. Seit 2007 schreibe ich hauptberuflich mehr oder weniger regelmäßig über den SC Preußen. (Eventuelle Kommentare über Sportjournalisten, die doch ohnehin nur Fans sind, bitte hier einfügen.)

Die Zeiten, in denen ich mit Schal und Trikot in der Fankurve stand, liegen viele Jahre zurück. Heute fahre ich mit Arbeitskarte statt Dauerkarte zum Stadion. Das ist eine ganz andere Welt des Fußballs. Und ehrlich: Es gibt Tage, an denen ich mir wünschte, ich könnte noch einmal unbefangen und in gewisser Weise ahnungslos ein Preußen-Spiel verfolgen. Es ist anders heute. Aber das gehört ja auch dazu, oder? Die Zeit läuft weiter, der Fußball verändert sich, ich verändere mich. Prioritäten verschieben sich. Aber dieses Band, die Beziehung zum Klub, das ist stark. Auch das kann nur verstehen, wer es fühlt. Aber da sind wir hier ja unter uns. Also weiter im Thema.

Das kurze Abenteuer Zweite Bundesliga

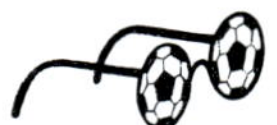

1989 war der SCP also nach acht Jahren Pause wieder zurück in der Zweiten Bundesliga. Leider eine kurze Episode. Münster durfte nur an der Zweiten Bundesliga schnuppern und sich erinnern, wie es einst war. Bereits zwei Jahre später stieg der SCP nach einer chaotischen Saison wieder ab. Die Folge eines Versagens auf vielen Ebenen, vor allem aber des Fehlens sportlicher Kompetenz. Das ging schon mäßig gut los mit der Wahl von Elmar Müller als Trainer. Der schwadronierte „Verlieren ist wie sterben" und wollte seine Jungs als Hammer sehen, nicht als Amboss. Das wirkte im Team, welches auch aus vielen Studenten bestand, seltsam. Müller wurde nach einem 1:1 gegen Duisburg entlassen, als der SCP nur noch einen Punkt vor den Abstiegsrängen rangierte. Die Preußen holten ihren Feldwebel Ernst Mareczek ans Ruder. Der war schon zu Oberligazeiten in den Achtzigerjahren drei Jahre Trainer der Preußen gewesen. Mit eiserner Disziplin, aber auch dem richtigen Verständnis für das Team sicherte er dem SCP am vorletzten Spieltag gegen Wattenscheid den Klassenerhalt. Wattenscheid war zu dieser Zeit eine große Nummer. Mit einer grandiosen Mannschaft um Uwe Tschiskale, Maurice *Mucki* Banach, Thorsten Fink, Uwe Neuhaus oder Stefan Emmerling zog das Team von Hannes Bongartz einsam seine Kreise in der Liga. Vermutlich waren die Wattenscheider in Münster schon etwas müde, denn den Aufstieg hatten sie am Spieltag zuvor perfekt gemacht. So durfte Münsters Henry Acquah (unvergessen) das Tor zum Klassenerhalt schießen und Mareczek wurde zum kleinen Helden.

Später, Mitte der Neunzigerjahre, sprang dieser noch einmal kurz als Interimstrainer ein. Im April 2007 starb er viel zu früh im Alter von 69 Jahren.

An der Klagemauer

Die Saison 1989/1990 blieb auch wegen anderer Spiele in Erinnerung. Münster schlug den FC Schalke gleich zweimal und trug erheblich dazu bei, dass die Königsblauen am Ende nicht in die Bundesliga aufstiegen. Das Kopfballtor von *Ulli* Gäher im Westfalenduell auf Schalke ist ebenso unsterblich wie Guido Fleiges Heber über Jens Lehmann im Rückspiel. Es war aber auch die Saison, in welcher die Preußen mit einem 1:7 in Aachen eine der höchsten Niederlagen der Vereinsgeschichte kassierten. Oder beim 1:5 in Meppen zusahen, wie der Kapitän des Teams zur Halbzeit den Dienst quittierte – aus Frust über nicht eingehaltene Zusagen der Klubführung. Oder das 2:6 gegen Hertha, bei dem die Preußenfans am Ende aus purer Verzweiflung für die Berliner jubelten. Es war das Jahr eines Derbysieges an der Bremer Brücke (und das in hellblauen Trikots). Viele meiner Erinnerungen an diese Zeit drehen sich um Wellenbrecher im Fanblock, an denen ich mitschwang. An kleingehäckseltes Papier, das kiloweise im Block verteilt wurde (und manches Mal auch verkokelt wurde). An die „Klagemauer" hinter dem Block, hinter der die Jungs zum Pinkeln verschwanden, weil man sich in den Achtzigerjahren um Hygiene oder WC-Anlagen noch nicht so viele Gedanken gemacht hatte.

Es war auch die Zeit des ersten Zusammentreffens mit Ansgar Brinkmann, der zwei Jahre später aus Osnabrück an die Hammer Straße wechselte und dort eine Art On-Off-Beziehung mit den Adlern begann, die bis zu seinem Karriereende im Preußentrikot 2007 dauerte. Dass Brinkmann acht Jahre später als 45-Jähriger aus Jux noch beim TSV Juist anheuerte, lassen wir einmal außer Acht. Außerdem wollen wir höflich vergessen, dass Herr Brinkmann zu den Preußen trotz seiner langen Zeit hier offensichtlich den geringsten emotionalen Bezug hatte. Warum sonst redet er immer über Bielefeld?

Leider kein Spaß war, dass der SC Preußen Münster zu wenig aus der Saison 1989/1990 lernte. Der Klub verpflichtete Gerd Roggensack, der schon bei seinen vorherigen Klubstationen keinen besonderen Eindruck hinterlassen hatte. Wenige Wochen zuvor war er beim Bundesligisten 1. FC Kaiserslautern entlassen worden und war dann Gast im Sportstudio, wo er sich geschmeichelt zeigte von der Anfrage aus Münster. Ein bisschen Bundesliga-Ruhm für den SCP? Vielleicht spielte das eine Rolle, denn sportlich war rasch klar, wohin die Reise gehen würde. Einem starken Auftritt gegen den Geheimfavoriten Fortuna Köln (2:0) folgte viel zu schnell die Realität. Nach dem fünften Spieltag stand der SCP auf einem Abstiegsplatz. Und da blieb er auch bis zum 15. Spieltag. Harald Kügler, eilig nachverpflichtet, traf direkt beim

1:1 in Meppen, aber um das alles abzukürzen: Irgendwann ging's wieder bergab, Roggensack ging, *Siggi* Melzig kam, grande catastrophe. Einem völlig überraschenden 2:0-Auswärtssieg beim Topklub Stuttgarter Kickers folgte unter Melzig eine imposante Serie aus sechs Niederlagen. Am Ende gewann Mainz (mit Jürgen Klopp) in Münster mit 3:2, Preußenfans legten einen Gedenkkranz auf dem Rasen ab, Münster sagte Tschüss und das war es mit dem Profifußball.

Manche Momente gehen so schnell vorüber, dass man ihre Bedeutung gar nicht richtig erfasst. Und dieser Abpfiff im Juni 1991 war die nächste Wendemarke. 1951. 1963. 1981. 1989. 1991. Der Abschied. Das sind zum Zeitpunkt dieses Buches 29 Jahre in der Dritt- oder Viertklassigkeit. Und wertet man die zwei Jahre in der Zweiten Bundesliga als Ausrutscher, sind es rund vier Jahrzehnte Profifußball ohne Münster.

Der viel zu schnelle Abstieg aus der Zweiten Liga war auch aus anderen Gründen ein Problem. Denn hier verlor der SCP den Anschluss. In den Neunzigerjahren, welche der SCP in der Rückschau einfach verpennte, nahm der Fußball Anlauf. Ab Ende der Neunziger entstand das „Produkt" Profifußball, auch dank der ersten Gehversuche von Premiere und dem Pay-TV. Und Anfang des neuen Jahrtausends verlor die Stadt Münster und damit auch der SCP den Anschluss.

Während überall in Deutschland neue Stadien errichtet wurden, gelang dies in Münster nicht. Das ist ein Problem, über das wir Preußen uns heute mit eher Ahnungslosen den Mund fusselig reden. Ja, wir haben 1991 noch mit dem alten Preußenstadion Zweite Bundesliga gespielt. Aber seitdem wurde jedes andere Stadion in Deutschland neu- oder umgebaut. Ohne eigenes Zutun rutschte der SCP in Sachen Infrastruktur ganz tief ab. Beispiel? In der Dritten Liga spielten zuletzt 13 Klubs in Stadien, die seit dem Jahrtausendwechsel neu errichtet oder vollständig umgebaut worden sind. Unter denen, die ältere Stadien unterhalten, verfügen praktisch alle über mehr Sitzplätze als der SC Preußen (1860 München, Meppen, Unterhaching, Jena). Ein Missverhältnis, das sich ab 2020 und in der Corona-Zeit doppelt rächt. Denn während viele Klubs mit Hygienekonzepten mehr teure Sitzplätze verkaufen können, hinkt der SCP schon wieder hinterher. Soviel zum Thema Wendemarken und Entwicklungen.

Der 4. Juli 2020 ist die bisher letzte Marke, noch fast frisch. So frisch, dass diese Erinnerung weh tut: Das letzte Derby gegen Bielefeld gab es 2015. Jetzt spielt die Arminia wieder in der Bundesliga und Münster viertklassig. Selbst Osnabrück (letztes Derby 2019) schaut schon wieder aus der Zweiten Bundesliga auf den SCP herab. Das ist die Realität. Wem will man eigentlich noch erzählen, dass der SCP in irgendeiner Form selbstverständlicher Teil der beiden Bundesligen sein müsste? Die Vergangenheit können wir langsam mal abhaken, wir müssen sie sogar abhaken. Wir dürfen sie zwar nicht vergessen, denn sie ist Teil der Klubgeschichte. Aber als Maßstab oder Leitlinie kann die Zeit bis 1981 heute nicht mehr dienen. Der SC Preußen Münster von heute war über viele Jahrzehnte Bestandteil des großen deutschen Fußballs. Jetzt ist der SCP einer von endlos vielen Gestolperten, Vergessenen, Verabschiedeten. Ein Traditionsklub von regionalem Interesse und lokaler Bedeutung. Es ist wichtig, das so auszusprechen, am besten sagt man sich das laut. Wir sind einer von vielen. Ein Klub, der noch an den letzten Fäden der Vergangenheit hängt, aber mit Macht in eine andere Richtung zieht. Und wie man es mit einem Milchzahn tut, der am Ende nur noch wackelt, muss man einmal kräftig ziehen. Es tut kurz weh, aber danach geht es besser. Und erst dann kann etwas Neues entstehen.

Soweit einverstanden?

Es braucht nur einen Funken

In der Zeit seit Beginn der Neunzigerjahre haben viele ältere, also langjährige Preußenfans damit gehadert, sich in dieser Rolle einzufinden. Einige haben sich nach vielen Enttäuschungen verabschiedet, manche schauen nur noch aus der Ferne zu und beklagen die Ungerechtigkeit des Geschäfts. Die Fans, die früher auf dem Zaun saßen, sind älter und alt geworden. Zugleich sind aber Generationen neuer Fans herangewachsen, die den SC Preußen ganz unbefangen als das sehen, was er heute ist. Ein alter Traditionsklub, dessen beste Tage vielleicht schon etwas länger zurückliegen, der aber in der Gegenwart auch schöne Momente erzeugt und eine Zukunft vor sich hat. Neue Fans, die von einer Vergangenheit der Preußen nur aus Erzählungen oder Büchern wie diesem wissen. Für die nur Geschichten sind, was für viele von uns Älteren irgendwann mal Gegenwart war. Während viele dieser jüngeren Fans von der 72-Punkte-Saison unter Pavel Dotchev sprechen, haben ältere Fans noch Stefan Grädler im Sinn. Carlos Castilla, Martin Przondziono. Stefan Küsters. 2001. Fortuna Köln. Auch das ist mittlerweile rund 20 Jahre her, fühlt sich aber wie gestern an, oder? Ok, Boomer. Alles geht viel zu schnell und so viel hängt beim Fußball von Kleinigkeiten ab. Hier ein Tor, dort eben keines oder zwischendurch ein kleiner Streit zwischen Spielern. Simon Scherders bitteres Eigentor in Chemnitz. Ein Pfostenschuss zur Unzeit. Solche Momente entscheiden über Erfolg und Misserfolg. Auf der anderen Seite: Wenn man es genau nimmt, macht diese Erkenntnis auch Mut. Denn im Fußball ist vieles möglich, für die Kleinen wie für die Großen. Der FC Bayern erlebte gegen Manchester United 1999 ein sportliches Drama. Zwischen Champions-League-Titel und Niederlage lagen nur wenige Minuten. Später jubelten die Bayern doch über den Titel. Alles wurde gut. Und war nicht der Oberliga-Meistertitel 1989 auch das Produkt eines solchen kleinen Moments? Anders gesagt: Was heute ist, bestimmt nicht den Verlauf der Klubgeschichte. Es braucht manchmal nur einen Funken. Auch wenn man diesen Funken oft erst spät als solchen erkennt.

Die Neunziger: Verlorene und vergessene Jahre

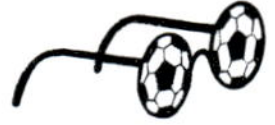

Zwischen dem Abstieg 1991 und der Gegenwart liegen fast 30 Jahre. Eine Zeit, in der die Preußen vieles erlebt haben. Höhen und Tiefen. Nach dem Sturz in die Oberliga war der SC Preußen nah dran an der sofortigen Rückkehr. Meister 1992. Meister 1993. Zwei Aufstiegsrunden, aber auch zweimal ein bitteres Scheitern. Wenn es hart auf hart kam, war die Oberliga-Nordrhein-Staffel fast immer zu stark. Selbst, wenn manch ein Vertreter von „drüben" die Regeln etwas biegen musste. Stichwort RW Essen. Die Rot-Weißen hatten 1993 im Zulassungsverfahren geschummelt und wurden vom DFB am Saisonende zwangsweise (zum zweiten Mal nach 1991) in die Oberliga geschickt. Das half den Preußen, die gegen Essen in der Aufstiegsrunde verloren hatten, allerdings auch nicht mehr. Nur am Rande: Als im Frühjahr 2020 die Regionalliga West abgebrochen wurde und der SC Verl in die Aufstiegsspiele gegen den 1. FC Lok Leipzig geschickt wurde, gehörte RW Essen zu den heftigsten Gegnern dieser Entscheidung. Verl habe sich unredlich verhalten durch ein, zwei „passende" Spielabsagen zuvor, beschwerten sich Fans des RWE. Seltsam, so etwas aus dem Kreis eines selbst mehrfach „vorbestraften" Klubs zu hören, oder? Nun, wie auch immer.

Die letzte Duftmarke, die der SC Preußen überregional setzte, war die von 1994. Hinter Paderborn lief der SCP als Zweiter über die Ziellinie. Der Abstand war groß genug, um das Scheitern im Meisterschaftskampf lange vorher verarbeitet zu haben. So ging das Team mit Ernst Mareczek in die Spiele um die Deutsche Amateurmeisterschaft. Was 1987 noch misslang, wurde 1994 vollbracht. In Spielen gegen Alemannia Aachen (3:1), Stahl Eisenhüttenstadt (3:3), Union Berlin (4:1) und VfL Osnabrück (3:0) qualifizierte sich der SCP für das Endspiel auf dem Bieberer Berg. Dem alten Berg, versteht sich. Jürgen Serr traf vor 6.000 Zuschauern für die Adler zum 1:0-Sieg gegen die Kickers Offenbach und besorgte dort den Meistertitel. Ich war mit dem Bus nach Offenbach gefahren, nach dem Spiel versuchten ein paar Kickers-Fans, mir meinen Preußen-Schal abzunehmen. Andere Preußenfans in der Nähe halfen, dann war die Sache geklärt. Den Schal habe ich dann einige Jahre später im Düsseldorfer Hauptbahnhof mit einem Fortuna-Fan getauscht, weswegen für längere Zeit ein rot-weißer

Schal in meinem Schrank herumlag. Umhängen kannst du sowas ja nicht.

Es war, nun ja, das letzte Lebenszeichen der Preußen für einige Zeit. Ab 1994 ging es für die Preußen in der neu gegründeten Regionalliga West/Südwest weiter. Und wenn je eine Zeit in einem Dunst aus Desinteresse und Langeweile versunken ist, dann diese Jahre zwischen Baum und Borke. Die Preußen segelten halbwegs ungestört durch die Spielklasse. Endlose Spiele gegen Klubs aus Bocholt, Hauenstein, Edenkoben, Idar-Oberstein, Salmrohr, zwischendrin immer wieder Wuppertal, Essen, Paderborn. Und Verl. Erinnert sich noch jemand an ein 2:7 in Homburg? Das 6:1 in Erkenschwick? Das 7:0 in Remscheid? Ein 0:0 gegen den FK Pirmasens? Die Jahre zwischen 1994 und 2000 waren weitestgehend Ödnis, endlose Spielzeiten ohne Ziel und Plan. Augen zu und durch. Zwischendurch blitzte mal etwas Hoffnung auf, aber im Großen und Ganzen war der SCP in diesen sechs Jahren niemals im Tabellenkeller, aber auch nie ernsthaft oben dabei.

Die neue Regionalliga West/Südwest

Mit Trainer Fritz Bischoff starteten die Adler in die neue Spielklasse. Eine Liga, auf die Münsters Fans nicht gerade gewartet hatten. Während die Oberliga Westfalen immerhin kurze Wege und bekannte Rivalen aus der Nachbarschaft bereithielt, war die Regionalliga West/Südwest ein Sprung ins Unbekannte. Mit Klubs aus Trier, Salmrohr, Edenkoben, Wissen oder Hauenstein hatte der SCP keinerlei Berührungspunkte, keine gemeinsamen Geschichten. „Diese Liga bringt wenig, sie kostet aber viel“, formulierte es Preußens damaliger Schatzmeister Hermann Brück im Buch *90 Jahre Preußen Münster.*

Dazu kam, dass sich der SCP gleich im ersten Jahr der Regionalliga vom alten Rivalen Arminia Bielefeld verabschieden musste. Nach all den Oberliga-Derbys der Jahre zuvor zog die Arminia nun doch davon. Auch dank einer damals völlig unwirklichen Transferaktion. Als Drittligist angelte sich Arminia im Frühling 1994 die Bundesliga-Profis Thomas von Heesen, Fritz Walter, Jörg Bode und Armin Eck. Ein Vorgehen, wie man es später erst wieder bei der TSG Hoffenheim oder RB Leipzig erlebte. Allerdings verfügte der SCP ja in seiner Mannschaft auch über Bundesliga-Kompetenz: Der frühere Profi Uwe Leifeld (VfL Bochum, Schalke 04) und Uwe Tschiskale (Bayern München, SG Wattenscheid) ließen ihre Karrieren in Münster ausklingen. Trotzdem war es mit den gewohnten Derbysiegen vorbei. Auswärts sicherte Uwe Leifeld den Schwarz-Weiß-Grünen immerhin noch einen Punkt beim Topfavoriten, das Rückspiel verloren die Adler auf eigenem Platz mit 1:2. Bielefeld stieg mit 50 Punkten in die Zweite Bundesliga auf und bis zum Wiedersehen würden 16 Jahre vergehen.

Der ausbleibende sportliche Erfolg traf auf eine Anhängerschaft, die eben beinahe noch in der Zweiten Bundesliga gefeiert hatte. Schon damals stimmten die eigenen Ansprüche nicht mehr mit den sportlichen Realitäten überein. Der frühere Bundesliga-Stürmer Uwe Leifeld wurde in dieser Hinsicht zum bequemen „Sündenbock". Beim SCP mit einem langfristigen Vertrag ausgestattet, sprang unter dem Strich zu wenig heraus. Sechs Saisontore halfen nicht, die eigenen Fans zu beruhigen. Auch im folgenden Jahr hatten die Preußen wenig zu melden. Schon der Saisonstart war mies. Einem Auftaktsieg gegen den späteren Absteiger SG Wattenscheid II folgte ein 0:1 in Trier, ein 3:3 gegen Bocholt, dann das oben erwähnte 2:7 in Homburg. Fritz Bischoff musste gehen, kurz danach übernahm Alfons Weusthof. Zwischendurch schnupperte der SCP mal kurz an der Spitzengruppe, aber es reichte nie für den Sprung nach oben. Siegen folgten Niederlagen, am Ende wurde Platz neun – trotz zehn Saisontoren von Leifeld, der seine Karriere beendete. Der FC Gütersloh und RW Essen stiegen auf. Und *Alo* Weusthof verabschiedete sich vom SCP.

Mitten in die Neunzigerjahre fiel auch der 90. Geburtstag des SC Preußen Münster. Der wurde in der Stadt mit großem Tamtam gefeiert: Das Stadtmuseum richtete eine eigene Ausstellung zum bekanntesten Team der Stadt aus, es gab feierliche Empfänge, ein Jubiläumsbuch und natürlich einen ordentlichen Likör. In grün. Im Preußenstadion trafen im Mai viele alte Preußenrecken von Benno Möhlmann und Werner Fuchs über Erwin Kostedde und Hans-Werner Moors bis hin zu Edmund *Eppi*

Kaczor und Klaus *Ede* Wolf auf eine Uwe-Seeler-Elf mit Bundesligastars wie *Ente* Lippens oder *Toni* Schumacher. Bei allem half Marketingchef Carsten Cramer mit, heute in der Chefetage von Borussia Dortmund. Ein bisschen wirkten die verschiedenen Höhepunkte wie aus der Zeit gefallen. Denn sportlich gab es insgesamt wenig zu feiern. Abseits des Rasens deutete sich aber der große Wurf an. Der Preußenpark, ein vollüberdachtes Stadion an der Hammer Straße, nahm 1996 die letzten politischen Hürden. Bald schon sollte der SCP in einem Stadion für 22.000 Zuschauer spielen können. Der Entwurf war aus heutiger Sicht schlicht, fiel aber noch in die Zeit vor dem großen Bauboom deutscher Stadien und hätte den SCP schon in eine andere Liga gehoben – infrastrukturell, versteht sich. Vielleicht spielte diese Aufbruchstimmung etwas in die Geburtstagsfeier hinein. Soweit es die Mannschaft betraf, sollte nach zwei dünnen Jahren endlich wieder etwas Erfolg einziehen.

Dafür hatte der SCP den ehemaligen Salmrohrer Paul Linz als Trainer im Blick. Die Verpflichtung war scheinbar in trockenen Tüchern, Linz auch schon als neuer Chef vorgestellt. Aber in einem völlig irren Akt stieg Linz im April, nur wenige Monate vor seinem Start in Münster, noch schnell beim SV Meppen ein. Ein Interimsjob, der den SCP nachhaltig verärgerte. Noch ehe Linz in Münster eine Wohnung suchen konnte, hatte sich sein Job dort in Luft aufgelöst. Linz blieb in Münster als der Trainer mit der kürzesten Vertragslaufzeit in Erinnerung – noch vor dem nicht minder berüchtigten *40-Tage-Trainer* Klaus Berge. Den Trainerjob in Münster bekam stattdessen Peter Vollmann.

Für die Anhänger des Klubs wurde es eine Saison, die mal wieder so etwas wie Spannung bot. Die Preußen hatten ihr Team wie erwartet verjüngt und auf verschiedenen Positionen verändert. Neben Routiniers wie Ralf Heskamp rückten auch junge Talente wie Daniel Thihatmar, Dirk Reinert, Lars Albers, Lars Anfang oder Jörg Pahlig in die erste Mannschaft. Und es war das Jahr, in dem der SCP ein Sturmduo aus Hamm weglotste, das den SC Preußen über viele Jahre in verschiedenen Rollen begleiten würde. Carsten Gockel (23) und Marco Antwerpen (24, damals noch mit Haaren) wechselten an die Hammer Straße. Zusam-

Nur kurz sei an dieser Stelle erinnert an eine der legendärsten Pannen beim SC Preußen. Im März 1997 fabrizierte der Klub ein Telefoninterview für die Stadionzeitung – und erwischte statt des eigenen Keepers den gleichnamigen Getränkehändler Dirk Winter aus Münster. Der gab gut gelaunt ein Interview, in dem er allerhand erzählte, auch über seinen stressigen Job als Getränkehändler im Karneval. Beim SCP kam das niemandem spanisch vor und so ging das Gespräch in den Druck. Kurz danach musste der SCP eine kleinlaute Entschuldigung an den „echten" Dirk Winter richten. Upps.

men mit den schon bekannten Gesichtern wie Dirk *Susi* Böcker, Olaf *Buschi* Buschkötter, Jürgen Serr, Dirk Winter oder Reinhard Geise war das ein Team, welches auch für ein gewisses Interesse sorgte. Lokalkolorit, Leute aus der Gegend. Im Stadion wurde das nur mäßig sichtbar. „Interesse" maß man in den Neunzigerjahren im Bereich von 3.500 Zuschauern. Ausnahmen waren Partien wie die gegen den neureichen LR Ahlen oder das Spitzenspiel am 23. Spieltag. Über 10.000 Zuschauer wollten das Heimspiel gegen RW Oberhausen sehen. Die Gäste kamen als Tabellenführer mit drei Punkten Vorsprung auf den Tabellendritten Münster. Gegen Oberhausens praktisch unbezwingbare Abwehr (12 Gegentore in 23 Spielen) war kein Durchkommen, so endete die Partie nur 0:0. Es blieb noch zwei Wochen spannend, dann ging erst Münster, später auch Oberhausen die Luft aus. Die SG Wattenscheid profitierte und zog in einem bemerkenswerten Schlussspurt davon.

Am Ende sicherte sich die SGW mit 12 Punkten Vorsprung auf Oberhausen und 20 Punkten auf Münster den Aufstieg. Die Adler liefen als Fünfter durchs Ziel. Zum Saisonabschluss gab's ein 5:0 beim Absteiger 1. FC Bocholt. Der höchste Saisonsieg an einem Tag, an dem es um nichts mehr ging. Auch das war irgendwie typisch für den SCP. Nebenbei gerne großartig, sonst eher lala. Respektabel war der Platz fünf, aber schließlich bedeutete er doch nur eine Enttäuschung mehr.

Ach ja: Der SC Preußen freute sich im gleichen Frühjahr auch über seine neue Klub-Homepage. Mit „einer leicht zu merkenden Adresse", wie es hieß. Leicht hieß in den Anfangstagen der Online-Welt: http://home.muenster.net/preussen.

Weiter ging es im August 1997 mit der Saison 1997/1998. Die Marschroute gab der SCP selbst mit einer unnachahmlichen Pleite vor. Typisch für die Liga, für die Zeit, für den SCP in der Regionalliga. Der 1. FC Kaiserslautern II stellte sich in Münster vor. Knapp 3.000 Fans waren dabei und sahen, wie Marco Antwerpen die Adler in Führung schoss. Dass Kaiserslauterns Nachwuchs dann drei Tore erzielte und am Ende 3:2 gewann, passte einfach ins Bild. Immerhin: Die Zuschauer in Münster bekamen den jungen Michael Ballack zu sehen. Der war im Sommer vom Chemnitzer FC zum Betzenberg gewechselt. Am Tag vor dem Spiel in Münster saß er beim Bundesligaspiel gegen Bayern München nur auf der Bank, am Tag darauf machte er sein erstes Spiel für den 1. FC Kaiserslautern. Geschichte.

Übrigens: Neben Ballack stellte Lauterns U23 auch Kicker wie Thomas Riedl, Pascal Ojigwe oder Stefan Ertl auf. Wenn man so will, bekam Münster in der Regionalliga nur aus der Ferne etwas Profi-Flair mit. Die Stars von morgen machten nur kurz Halt in der Regionalliga, sagten einmal Hallo und der SCP winkte dann wehmütig hinterher.

Um das kurz einzuschieben: Wer in der Spielzeit 2019/2020 das Heimspiel gegen den FC Bayern München II verfolgte, sah auch Spieler, die in den Wochen danach im Bundesliga-Team der Bayern eingesetzt wurden: Joshua Zirkzee, *Chris* Richards, Sarpreet Singh. Einfach mal drauf achten, ob aus diesen jungen Spielern auch bekannte Profis werden.

Tschüss DFB-Pokal

Der Sommer 1997 war auch der des letzten DFB-Pokal-Spiels für lange Zeit. Gast war der damalige Zweitligist 1. FSV Mainz 05, der erst im Elfmeterschießen mit 9:8 gewann. Jürgen Klopp verwandelte einen Elfmeter, für Mainz trafen auch Sven Demandt und Jürgen Kramny. Auch Fabrizio Hayer verwandelte einen Elfmeter – jener Hayer, der 2005 als gereifter Profi noch einmal beim SCP anheuerte. Auch ein bisschen typisch. Gerade einmal 4.000 Fans wollten das Erstrundenspiel sehen. Hätten die Preußenfans geahnt, dass es elf Jahre dauern würde bis zum nächsten Pokalspiel …

In der Liga ging es mau los. Nach vier Spieltagen hatte der SCP gerade drei Punkte gesammelt. Den ersten Sieg holten die Adler am fünften Spieltag in Remscheid (3:1). Richtig Auftrieb gab das dem Team von Peter Vollmann nicht. Unter Flutlicht verlor der SCP das Prestige-Duell gegen RW Essen mit 0:1. Vor der Partie wurde Mittelfeldregisseur Jürgen Serr für sein 100. Regionalligaspiel geehrt, auf dem Rasen traf Dirk Helmig Minuten vor Spielende per Foulelfmeter. Gebraucht, abhaken. „Schwacher SCP versinkt mehr und mehr im Mittelmaß", titelten die Westfälischen Nachrichten bitter.

Nur wenige Tage später belegte der SCP das mit einer 1:3 -Pleite in Homburg, während Essen daheim gegen Kellerkind Bonn mit 0:1 verlor. Das passte alles ins Bild. Am vorletzten Spieltag unterlagen die Adler bei RW Oberhausen mit 0:1. Oberhausen stieg auf, Münster beendete die Spielzeit auf Platz acht. Nicht wahnsinnig aufregend, nicht spannend. Durchschnitt.

Noch ehe die Saison 1998/1999 begann, musste sich der SC Preußen anderen Problemen widmen. Ziemlich plötzlich wollte Trainer Peter Vollmann weg. Um diesen Abschied kursieren allerhand Gerüchte, ein freundlicheres davon besagt, dass Vollmann mit dem gerade neu installierten Sportlichen Leiter Hans-Werner Moors nicht einverstanden war. Wie auch immer: Vollmann wollte weg, ihn zog es zu Eintracht Trier. Um seine Vertragsauflösung gab es einigen Ärger und manche Diskussion, aber am Ende kam es, wie Vollmann wollte. Er durfte weg. Moors durfte ran. Zum zweiten Mal seit Beginn der Neunzigerjahre wurde der Kinderhauser Trainer des SCP. Wenn man seinen kurzzeitigen Job als Interimstrainer 1975 einrechnet, war das sogar schon sein dritter Auftritt in Münster. Der Auftrag: Aufstieg.

Zwischenzeitlich hatte der Deutsche Fußball-Bund (DFB) angekündigt, die Ligenstruktur unterhalb der beiden Bundesligen zu reformieren. Ab Sommer 2000 sollte die Regionalliga in nur noch zwei Staffeln spielen. Für den SCP war damit klar: Lieber vorher hoch in die Zweite Bundesliga. Darüber gab es einige Unstimmigkeiten im Vorstand der Preußen. Risikostrategie oder nicht? Fakt ist: Der SCP verfügte über eine ziemlich routinierte Mannschaft um seine Achse aus Marco Antwerpen, Jürgen Serr, Heiko Kuhn und Andreas Helmer. Torwart Alex Ogrinc, später Torwarttrainer beim SCP, kam dazu. Und es begann die Ära Stephan Küsters in Münster. Den lotste der SCP vom wirtschaftlich angeschlagenen FC Remscheid an die Hammer Straße. Das war ein ansehnliches Team mit dem Auftrag, sich möglichst weit nach oben zu orientieren. Insgesamt gelang das, wenngleich den Adlern doch wieder die Luft ausging.

Nach einem leichten Stolperstart mit Niederlagen in Wuppertal oder Trier fand sich der SCP schnell im Tabellenkeller wieder, arbeitete sich im Frühjahr 1999 nach vorn und blieb in Sichtweite der Topränge. Nach dem 3:0 gegen den Wuppertaler SV sprang der SCP auf Platz drei (hinter dem Ostwestfalen-Duo Paderborn und Verl). Es blieb leider ein kurzes Hoch. Die Realität holte den SCP Ende März ein: Einem 1:3 gegen Trier mit dem „Ex“ Peter Vollmann folgte ein 2:3 bei Borussia Dortmund II, dann ein 1:2 gegen Saarbrücken. Der Rückschlag war nervig, aber die Preußen ließen nicht locker: 2:0 in Verl, 1:0 in Kaiserslautern, 3:1 gegen Remscheid. Dann stand das Spitzenspiel gegen den Tabellenzweiten SC Paderborn an. Zweiter gegen Fünfter. Weil der Fußball so eine alte Schwäche für *ach-was-Geschichten* hat, ist diese eine davon: Der spätere Preußentrainer Marco Antwerpen traf früh zur Führung der Adler, der spätere Preußentrainer Pavel Dotchev glich nach 16 Minuten zum 1:1-Endstand aus. Fußball eben. Trotzdem: Um den 32. Spieltag herum (2:4 gegen Salmrohr) ließ der SCP den Kontakt zur Spitze abreißen, an der Spitze rangierte Alemannia Aachen (unerreichbar), dahinter war es eng zwischen den Sportfreunden Siegen, Eintracht Trier und dem 1. FC Saarbrücken. Es reichte schließlich zu Platz vier in der Liga, aber mit sieben Punkten Abstand auf die Aufstiegsränge war es hintenraus nicht mehr wahnsinnig spannend.

Die letzte Spielzeit der alten Regionalliga West/Südwest brach an. Die Saison 1999/2000 sollte das Ende der Klasse markieren, aus den vier Staffeln machte der DFB nun zwei: Die Regionalliga Nord und Süd. Wie Anfang der Achtzigerjahre war für die Klubs Schwerstarbeit angesagt. Für die neue Spielklasse musste man mehr oder weniger in der ersten Tabellenhälfte landen.

Bei den Adlern trat der junge Christoph Metzelder ins Rampenlicht des Profifußballs. Aus der U19 wechselte er in die erste Mannschaft des SCP. Sportlich wurde die Saison zu dem, was zu erwarten war: Ein Hauen und Stechen. Die „kleineren" Klubs aus Gütersloh, Salmrohr, Pirmasens und fast alle Zweitvertretungen aus Bochum, Leverkusen oder Lautern gingen über die Wupper. Aber auch der SCP kämpfte bis zum letzten Moment um alles. Am vorletzten Spieltag hatten sich die Preußen gerade so über dem Strich gehalten. Mit 47 Punkten lag der SCP ganze zwei vor Elversberg, Uerdingen und Kaiserslautern II. Zuhause musste gegen den SC Verl ein Sieg her.

Mit letzter Kraft in die Regionalliga Nord

Längst hatte der SC Preußen das getan, was in schwierigen Spielzeiten der logische Schritt war: Trainer Hans-Werner Moors musste schon im Frühherbst gehen, für ihn kam Klaus Berge. Der machte sich in Münster maximal unbeliebt, weil er erst große Reden über Leidenschaft und Zusammengehörigkeit schwang, aber nach 40 Tagen im Amt lieber bei RW Essen anheuern wollte. Sein Herzensklub. Fassungslos ließ der SCP den Mann ziehen und beförderte Stefan Grädler. Der brachte den SCP zwar auch nicht wirklich in Fahrt, aber steuerte mit dem Team immerhin in dieses spannende Finale hinein.

Für die Partie gegen Verl griff der SCP nach jedem Strohhalm. Bei freiem Eintritt kamen nach einer anstrengenden Saison rund 8.000 Fans zu diesem Viertliga-Spiel gegen den Abstieg. Verl war längst qualifiziert und wollte es dem alten Westfalen-Konkurrenten nicht einfach machen. Wer verstehen will, wie lang auch das schon wieder her ist, möge auf die Aufstellung des SC Verl schauen: Roger Schmidt und der spätere Nationalspieler Arne Friedrich kickten für den Sportclub. Aber das nur am Rande. Alles geben gegen den Abstieg. Das Team gab alles und musste dennoch zittern. Weil Uerdingen und Elversberg führten, stand der SCP für kurze Zeit unterm Strich. Dann erlöste Stephan Küsters seine Farben, Carsten Gockel legte nach. Verls Anschlusstreffer war nicht mehr entscheidend, denn die Gäste ließen jetzt langsam

Saison	Tabellenplatz
1994/1995	10
1995/1996	9
1996/1997	5
1997/1998	8
1998/1999	4
1999/2000	8

Dampf raus. Am Ende siegten die Adler mit 4:1 und zogen in die neue Regionalliga Nord ein.

Ein teurer Spaß war es für den Klub, wie er Anfang 2000 feststellte. Die Saison 1999/2000 schloss der SCP mit einem Minus von 333.000 Mark ab. Das lag unter anderem daran, dass der SCP gleich drei Trainer auf der Payroll hatte (Moors, Berge, Grädler), dazu im Winter auch noch sieben Spieler nachverpflichtet hatte. Alles für den Klassenerhalt. Der Schuldenstand des SCP belief sich auf 2,9 Millionen Mark, obschon die Adler noch rund 300.000 Euro für den Wechsel von Christoph Metzelder zum BVB erhalten hatten. Eine teure Sache war das. Der Verwaltungsrat hatte den Kurs mitgetragen, mahnte aber eine Kursänderung an. Nach dem Scheitern des Stadionprojekts Preußen-Park könne die Strategie des „begrenzten Risikos“ nicht mehr fortgesetzt werden. Schon 2000 ahnten Preußenfans, welche Bedeutung das Thema Stadion hat – und diese Bedeutung ist in den vergangenen 20 Jahren (und durch einen beispiellosen Stadion-Bauboom deutschlandweit) gewachsen.

Mit dem Erfolg gegen Verl machte der SCP den Deckel auf die Neunzigerjahre.

Ein Jahrzehnt ohne große Aufreger, ohne große Möglichkeiten. Ein Jahrzehnt verschenkter Chancen, gerade zu Beginn. Einzelne Spieler ragten heraus und blieben in Erinnerung. Martin Przondziono, Marco Antwerpen und Stephan Küsters, Carsten Gockel, *Alex* Ogrinc – viele von ihnen kehrten später in anderen Funktionen zum SCP zurück (oder zu irgendeinem SCP, um bei Martin Przdondziono zu bleiben, den es kurzzeitig mal nach Paderborn verschlug). Thomas Helmer, Jürgen Serr, Heiko Kuhn, die Jungs aus der Region: *Susi* Böcker, Timo Kemming oder Olaf Buschkötter. Man will niemanden vergessen, denn viele gaben alles für den Klub.

Aber wer heute an die Neunzigerjahre in Münster denkt (und sie miterlebt hat), wird bestätigen, dass viele Erinnerungen daran verblasst sind; nicht nur wegen der 20 Jahre, die seitdem vergangen sind.

208 Spiele absolvierte der SC Preußen in der Regionalliga West/Südwest. 80 Siegen stehen 60 Niederlagen gegenüber. Mit 1,48 Punkten pro Spiel war die Ausbeute okay, nicht schlecht, nicht richtig gut, eben Mittelmaß.

Der lange Weg vom Spitzenteam zum Abstieg

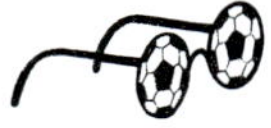

Der Start ins neue Jahrtausend begann verheißungsvoll. In fast jeder Hinsicht. Die neue Regionalliga Nord fühlte sich endlich wie Profi-Fußball an. Nur noch zwei Staffeln (Nord und Süd) machten die Liga spannender. Und die Namen: Union Berlin, ab in die Hauptstadt! Oder Eintracht Braunschweig, Fortuna Düsseldorf. Dazu einige den Westfalen nicht so vertraute Namen wie Sachsen Leipzig, Erzgebirge Aue, Dresdner SC. Viele neue Gegner machten neugierig. Eine neue Zeit.

Aufbruchstimmung.

Gleich zum Start ging es los gegen Fortuna Düsseldorf. Die Gäste gingen vor 7.000 Zuschauern zwar in Führung, aber dann drehten Neuzugang Michael Kruskopf und Stephan Küsters das Spiel für den SCP. Direkt mal eine Ansage gegen den Aufstiegsfavoriten von Aleks *hier haste mal ein Bonbon* Ristić. Da war Feuer drin, direkt von Beginn an. Nach dem 4:0 gegen den Dresdner SC lag der SCP erstmals auf einem Aufstiegsplatz. Klar, in Essen kassierte der SC Preußen die lange übliche Niederlage. Das war doch gefühlte Routine: Was immer du spielst, kommst du nach Essen, kriegst du Dresche. Null zu drei, autsch. Es gehörte zu dieser etwas seltsamen

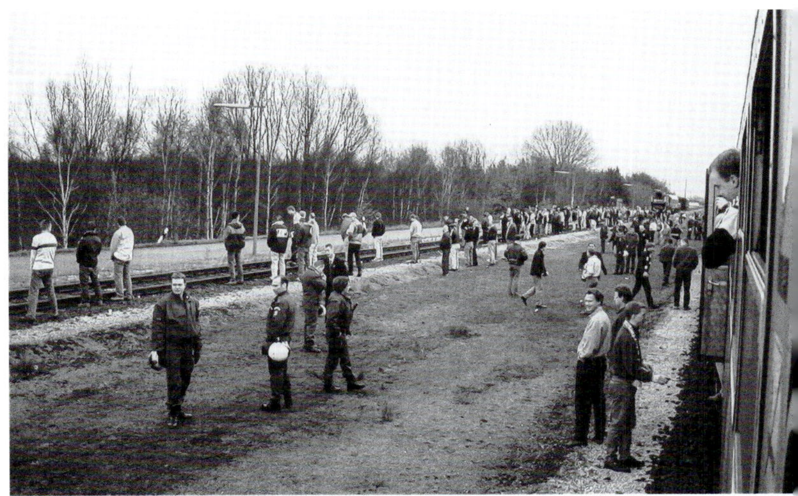

Pinkelpause auf dem Weg nach Lübeck.

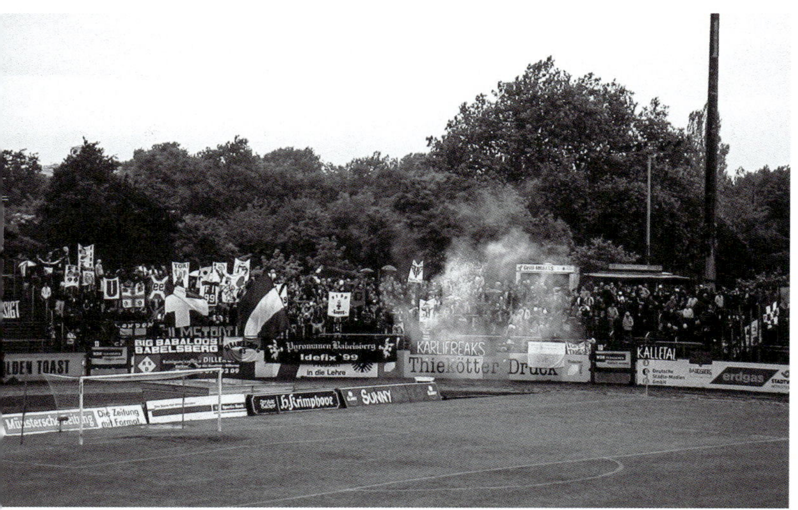

Der SV Babelsberg beim entscheidenden Schritt zum Aufstieg. 2001 in Münster.

Spielzeit, dass der SCP gut reinkam, dann strauchelte. Gegen Verl reichte es zu einem 4:2, aber dann musste das Team nach Krefeld in die Grotenburg. Naja, es war die grandiose Zeit von Daniel Teixeira, dem Tormonster. Zwei Treffer erzielte er, Giancarlo Fiore traf auch zweimal, am Ende verlor der SC Preußen mit 1:6. Das Spiel ist mir besonders gut, pardon: schlecht in Erinnerung, weil es mein erster Job als freier Mitarbeiter für das mittlerweile eingestellte Online-Portal westline.de war. Per Telefon übertrug man damals einen *Liveticker*, mobiles Arbeiten war noch nicht so verbreitet. Überflüssig zu sagen, dass beim 1:6 in Krefeld einige Telefonate nötig wurden. Viel besser wurde es (vor allem auswärts) nicht so schnell.

Am zehnten Spieltag reiste der SCP in die Lüneburger Heide, um sich dort vom heimischen LSK ordentlich den Hintern versohlen zu lassen (1:4). Bernd Winters Führung für die Preußen drehte der LSK in der zweiten Halbzeit erbarmungslos. Hermann Löns, die Heide brennt, aber hallo. Die Adler landeten einigermaßen zerrupft auf Platz neun und Trainer Grädler musste anschließend die eigenen Fans (von denen etliche wegen eines

Monsterstaus auf der A1 nur wenig vom Spiel gesehen hatten) um Entschuldigung bitten. Da standen ein paar dringende Krisengespräche an. Aber wie das manchmal so ist: In der Krise wird alles nur noch schlimmer. Oder besser. Letzteres galt für den SCP, der anschließend in die Spur fand. Ein paar Unentschieden gegen Leipzig, Aue oder Wattenscheid mischte der SCP mit Siegen gegen Braunschweig, TeBe Berlin und einem sensationell starken 4:0 beim Spitzenteam Babelsberg. Langsam schlich sich das Team an die Spitze heran. Nach dem 3:1 gegen RW Essen (ja, zuhause gewann der SCP gegen RWE) waren es nur noch zwei Punkte Rückstand auf einen Aufstiegsplatz. Plötzlich war der ganze Klub hellwach. Anfang März 2001 sprangen die Preußen auf Rang zwei, dann stand das Spitzenspiel beim VfB Lübeck an. Hunderte Fans enterten einen Sonderzug, irgendwo hinter Hamburg gab es die größte Pinkelpause, die je auf einer Zugtour zugelassen wurde.

Aufstiegsträume

In der Lohmühle gewann der SCP mit 2:1, sprang auf Tabellenplatz eins. Es waren die einzigen zwei Wochen mit dem Tabellenführer Preußen Münster. Tage später kam der SCP gegen Kellerkind Lüneburg nicht über ein 1:1 hinaus, nur das Torverhältnis hielt die Preußen an der Spitze. Noch ein Spitzenspiel wartete, diesmal Union Berlin. Wieder machten sich aberhunderte Fans auf den Weg an die Alte Försterei. Die Heimat der Eisernen war als halbes Waldstadion beeindruckend. Nicht wegen der steilen, offenen Ränge, sondern wegen der atemberaubenden Stimmung. Mag Hertha die Massen anziehen, wer zu Union ging (und geht), tat das aus purer Überzeugung und Leidenschaft. Naja, für die Preußen lief es nicht gut. Schnell führte Union 2:0, Münster tat einfach zu wenig. Dabei hatte sich sogar der WDR in den Sonderzug der Adler gesetzt. Volle NRW-Power in Berlin, aber die Preußen wachten zu spät auf. Hatten wir nicht eben gerade Daniel Teixeira erwähnt? Den hatten die Eisernen in der Winterpause aus Krefeld weggekauft und jetzt schenkte er den Preußen wieder zwei Tore ein. Ernsthaft: Teixeira war Anfang des Jahrtausends Münsters Schreckgespenst schlechthin.

Dennoch: Der SCP blieb oben dran, der Abstand auf die Aufstiegsplätze lag immer bei ein, zwei Punkten. Das war extrem eng. Der 35. Spieltag. Die Preußen gewannen 2:0 gegen Aue, rückten auf Platz drei vor. Zwei Punkte hinter Babelsberg – gegen die der SCP noch spielen musste. Vorher aber das entscheidende Duell beim direkten Verfolger Fortuna Köln. Wer dort gewinnen würde, hätte kurz vor Saisonende auf den Aufstiegsrang springen können. Das Problem: Es gewann niemand. Münster führte dank Küsters mit 1:0, dann sah Castilla Rot, Köln glich spät aus, das war für beide zu wenig. Am vorletzten Spieltag verlor der enttäuschte SCP bei Regenwetter mit 2:3 gegen Babelsberg. Die Gäste machten den entscheidenden Schritt in Richtung Aufstieg, Münster blieb am letzten Spieltag der 19-er-Staffel spielfrei und rutschte noch auf Platz fünf. Im Stadion hatten über 7.500 Fans trotz schlechter Ausgangslage noch gehofft. Es sah ja auch bis zur 82. Minute gut aus, da führten die Preußen noch 2:1. Aber dann drehten die Potsdamer die Partie, Marco Küntzel schoss Münster mit zwei späten Toren ab. DANKE FÜR DAS GEILE JAHR hatten einige Preußen auf ein Transparent gemalt. Mehr blieb nicht von einer Saison, in der die Adler tatsächlich nur fünf Mal auf einem Aufstiegsplatz standen und dennoch so gute Aufstiegschancen wie viele Jahre nicht hatten.

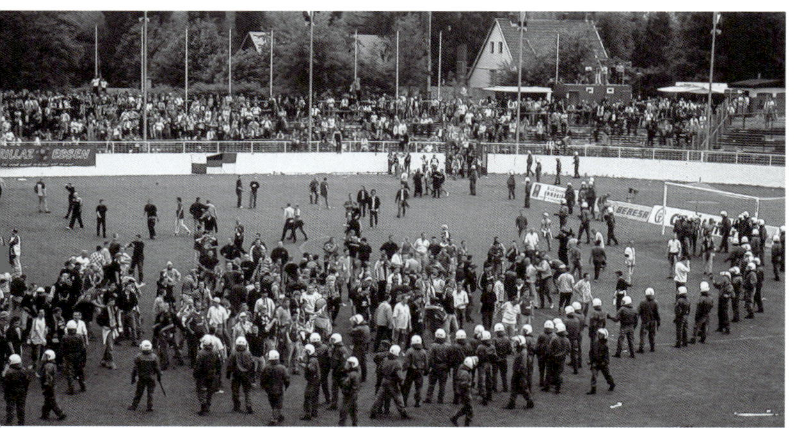

Frühjahr 2002: Fans von RW Essen verwüsten aus Enttäuschung über den verpassten Aufstieg das Stadion

Vielleicht war es fast zwingend, dass aus dem knappen Scheitern Ansprüche erwuchsen, die der SCP dann nicht ansatzweise erfüllen konnte. Das war häufig so in den vergangenen Jahren.

Neue Saison – neues Glück?

Stefan Grädler nahm 2001/2002 einen neuen Anlauf, aber in aller Freundlichkeit darf man sagen, dass dieser Anlauf schon an der ersten Hürde endete. Die Adler verloren Spielgestalter Martin Przondziono an den VfB Lübeck. Immerhin kehrte Marco Antwerpen nach zwei Jahren in Essen und Köln zurück an die Hammer Straße. Er rettete aber auch nichts.

Am ersten Spieltag holte der SCP im alten Magdeburger Stadion noch ein 1:1, dann hagelte es Niederlagen. Nach dem dritten Spieltag grüßte der SCP vom Tabellenende und gab das auch bis zum achten Spieltag nicht wieder her. Es wurde eine schlimme Hinrunde, die das Team wochenlang auf den Abstiegsrängen verbrachte.

Wir hatten doch gerade über Daniel Teixeira gesprochen? Der kickte nun bei Eintracht Braunschweig und wer raten möchte, welcher Spieler im ersten Duell mit Münster wieder zwei Tore machte, darf das gerne tun. Wir müssen Teixeira vergessen.

Im letzten Spieltag vor der Winterpause kam der VfB Lübeck mit Trainer Dieter Hecking und gewann mit 4:1. Zwei spannende Personalien: Es war das erste Wiedersehen mit Martin Przondziono und auf Preußenseite spielte Peter Schyrba erstmals für den SCP. Er war aus Duisburg gekommen und die erste Winter-Nachverpflichtung der Preußen. Fünf Jahre lang würde er das Preußentrikot tragen, auch als Kapitän, ehe sein Abschied dann … aber dazu später.

Das 1:4 gegen Lübeck bedeutete auch das Aus für Stefan Grädler. Er wurde entlassen und durch Neale Marmon ersetzt. Ein beinharter Brite, ein völlig anderer Trainertyp als in den Jahren zuvor. Vielleicht steckte der Wunsch des Klubs dahinter, endlich Zug in die Truppe zu bekommen, wahrscheinlicher aber kein großer Gedanke. Marmon richtete wenig aus. Die Mannschaft wurde im Winter verstärkt, spielte einen minimal besseren Katastrophen-Ball und landete am Ende trotzdem auf einem Abstiegsplatz. Ohne das im Detail aufzudröseln: Rein tabellarisch wäre das der Abstieg in die vierte Liga gewesen, aber in dieser Saison kamen gleich mehrere Dinge zusammen. Seit Mai 2002 stand fest, dass aus der Zweiten Bundesliga nur der SV Babelsberg absteigen würde in die Regionalliga Nord. Das bedeutete, dass Platz 15 in jedem Fall den Klassenerhalt sichern würde. Allerdings mussten die Preußen lange Tage zittern. Denn in der bereits beendeten Zweiten Liga stand die Lizenz für Alemannia Aachen lange zur Debatte. Ein Aachener Zwangsabstieg hätte den SCP dann eben doch in die Viertklassigkeit befördert. Am Ende bekam Aachen (noch einmal) die Kurve; selten waren die Preußen so große Fans der Alemannia. Ach ja, auch in der Regionalliga selbst veränderte sich noch die Lage, weil dem 1. FC Magdeburg die Zulassung verweigert wurde. Aachen, Magdeburg, Babelsberg: Schließlich hielten Münster und auch der Tabellen-16. Dresdener SC die Klasse. Es war aber haarscharf.

Es gibt natürlich noch diese eine Geschichte aus der Saison 2001/2002: Am letzten Spieltag trat RW Essen in Münster an. Über 10.000 Zuschauer strömten ins Stadion, was vor allem an rund 8.000 Essener Fans lag. Die Gäste hatten die Chance, in die Zweite Liga aufzusteigen, brauchten dazu einen Sieg in Münster, aber unbedingt auch einen Braunschweiger Patzer gegen Wattenscheid. Ersteres gelang beim 3:1 im Preußenstadion, nach einiger Warterei meldete Münsters Stadionsprecher Martin Kehrenberg etwas süffisant, dass der spätere Preuße Thomas Piorunek in der 90. Minute doch noch das Siegtor für die Eintracht geschossen habe. Münsters Fans jubelten, Essens Anhänger drehten durch. Hunderte stürmten den Innenraum, wollte über das Spielfeld Richtung Preußenfans. Eine Polizeikette stoppte den Sturmlauf, aber nicht den Ärger. Den ließen die Gäste am Stadioninventar aus. Werbebanden gingen zu Bruch, Tore auch, Rasen. Da war einiges los.

Vollmanns Rückkehr

Es wurde 2002/2003 kaum besser. Diesmal mussten die Preußen wenigstens nicht bis zum allerletzten Spieltag (oder darüber hin-

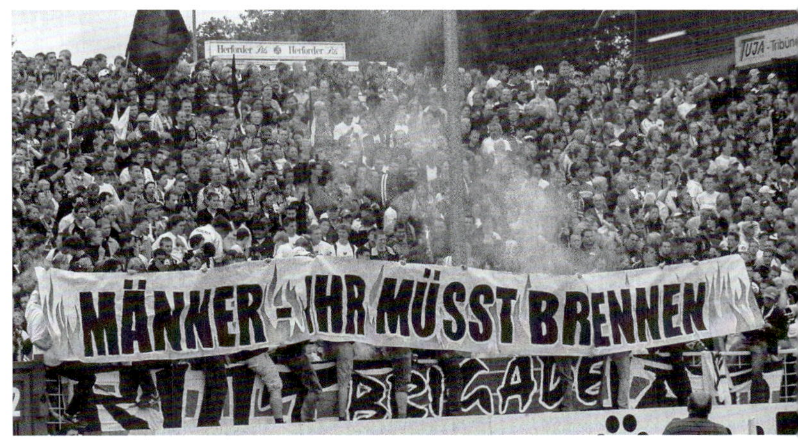

Aufmunterung im Saisonfinale gegen Wattenscheid.

aus) zittern. Wie schon in der Vorsaison grüßte der SCP wieder etliche Wochen von den Abstiegsplätzen. Zum Ende der Hinrunde war er wieder im Tabellenkeller angekommen. Wenig überraschend durfte Neale Marmon im November seine Koffer packen, ihm folgte … Überraschung: Peter Vollmann. Der war gerade erst bei Eintracht Braunschweig gefeuert worden und frei. Mehr brauchte es in Münster nicht. Wenn es um seine Trainer ging, handelte der Klub in den Neunzigerjahren und Anfang der Zweitausender seltsam einseitig. Moors, Vollmann und Grädler prägten zusammen knapp anderthalb Jahrzehnte Preußenzeit. Alle anderen Trainer bekamen nur Monate, bestenfalls.

Über die Spielzeit selbst gibt es wenig Erhellendes zu berichten. Allerdings stachen ein, zwei Spiele heraus. Das 6:4 gegen Holstein Kiel beispielsweise. Im September 2002 brachte der SCP das Kunststück fertig, eine 4:1-Führung binnen 23 Minuten zu verspielen. Kiel glich zum 4:4 aus. Aber im Finale des Spiels trafen Bernd Winter und Christian Bienemann zum 6:4. Ganze 3.000 Zuschauer wollten dieses Spiel sehen. Den höchsten Saisonsieg feierte der SCP am 13. Spieltag gegen den KFC Uerdingen. Ein 5:0 sicherte Trainer Marmon übergangsweise den Job. Und einen Derbysieg gegen das Topteam Osnabrück (2:1) gab es im Mai 2003 noch. Unter den 8.200 Fans waren rund 4.000 Osnabrücker, das gäbe es heute auch nicht mehr. Darf man außerdem noch erwähnen, dass BVB-Präsident Dr. Gerd Niebaum im Herbst 2002 einen Aufnahmeantrag beim SC Preußen unterzeichnete? Das hatte ihm der BVB-Manager Michael Meier sogar noch voraus – und beide Namen dürften in BVB-Kreisen heute für Stirnrunzeln sorgen. Um es vorsichtig zu sagen.

Am Ende rettete sich der SCP am 33. Spieltag mit einem 3:2 gegen Absteiger Babelsberg. Osnabrück und Aue stiegen auf. Klassenerhalt am vorletzten Spieltag statt Aufstieg. Die Leistungskurve des Klubs zeigte deutlich nach unten.

Männer, ihr müsst brennen!

Das sollte in der Saison 2003/2004 doch endlich eine Lehre sein? Vor dem ersten Spieltag formulierte Geschäftsführer Stefan Grädler im Vereinsmagazin das Ziel. Sportlich wollte sich der SCP „ein Stück" steigern, ehe er „in den nächsten Jahren wirklich ganz oben angreifen und den Aufstieg in die Zweite Liga ernsthaft ins Visier" nehmen sollte. Das passte doch gar nicht zusammen. Nach zwei Jahren voller Pleiten und Pannen sprach der Klub ohne Not schon wieder von der Zweiten Liga.

Neuzugänge wie Pellegrino Matarazzo (heute Trainer in Stuttgart), Rückkehrer Carsten Gockel (nach Stationen in Siegen und Verl) oder Frederik Gößling und Jens Bäumer machten Mut. Aber was das ausgegebene Ziel betraf, trat der SCP eher einen Schritt zurück. Vom 6. bis zum 30. Spieltag besetzte Vollmanns Team ununterbrochen einen Abstiegsplatz.

Viele richtig üble Spiele sahen die Preußen in dieser Spielzeit. Nach einem 2:2 gegen den Kellernachbarn VfR Neumünster, bei welchem die Preußen eine eigene 2:0-Führung noch verspielten, drohte ein kleiner Fanaufstand. Der SCP reagierte mit einer Entschuldigung, gab 1000 Euro als Zuschuss für die nächste Auswärtstour und versprach freien Eintritt für Frauen, Jugendliche und Kinder gegen Uerdingen. Das half sportlich wenig, wie man ahnen konnte. Es dauerte bis zum 31. Spieltag, ehe die Mannschaft nach einem 1:0 gegen Chemnitz die Abstiegsplätze verlassen konnte. Diesen Sprung erlebte Vollmann schon längst nicht mehr

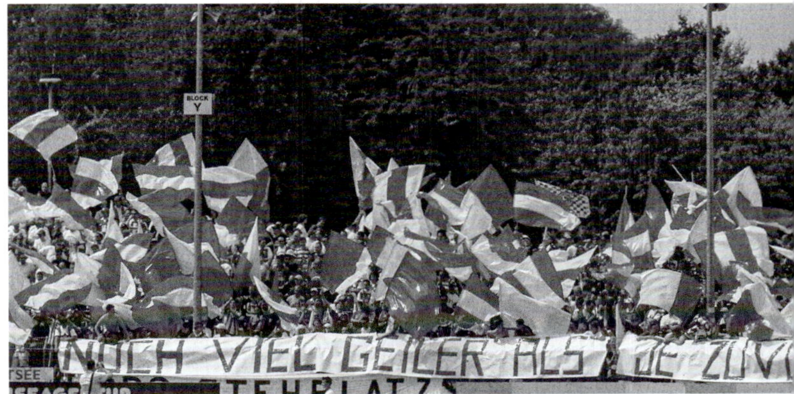

Prall gefüllte Gästekurve in Münster. Fans von Fortuna Düsseldorf feiern sich selbst.

in verantwortlicher Position. Im Herbst, wenn beim SCP die Trainer davonwehen, musste Vollmann gehen.

Hans-Werner Moors übernahm. Schon wieder. Wie gesagt: Unnachahmlich einfallslos war der Klub oft. Aber „Feuerwehrmann“ Moors richtete es, wenn auch in letzter Sekunde. Am vorletzten Spieltag sicherte sich das Team die Chance auf den Klassenerhalt, weil es in Paderborn ein 0:2 aufholte und am Ende 2:2 spielte. Schiri Babak Rafati schickte in einer hitzigen Partie beide Trainer (Dotchev und Moors) auf die alte Holztribüne im Hermann-Löns-Stadion. Das Endspiel gegen die SG Wattenscheid war eines dieser Spiele, die alles entscheiden. Für Wattenscheid ging es um den Klassenerhalt, für Münster auch. Der Sieger würde drinbleiben, der Verlierer müsste runter in die Oberliga.

Martin Hauswald war Held und grausamer Richter in einer Person. Sein Tor zum 1:0 vor 10.000 Zuschauern rettete die Preußen vor dem Abstieg, stieß aber Wattenscheid hinunter. Im Tor der Gäste war auch Michael Joswig machtlos. Dass einige Preußenfans sich im Ton vergriffen und die Wattenscheider mit *Absteiger*-Rufen angingen, gehört zum Fußball dazu, aber zu den unschönen Dingen. Früh genug würden die Fans in Münster das selbst erfahren.

Vorerst nahmen alle Anlauf für eine hoffentlich weniger aufreibende Spielzeit. Die sollte mit einem Knaller beginnen. Nach zwei bitteren Jahren in der Oberliga Niederrhein war Fortuna Düsseldorf wieder da. Gleich am ersten Spieltag stellten sich die Fortunen in Münster vor. NOCH VIEL GEILER ALS ZUVOR hatten die Gäste auf ein Kurvenbanner geschrieben.

Es half den Gästen aus der Landeshauptstadt nichts. Marcus Fischer erzielte in der Schlussphase des Spiels vor 8.200 Zuschauern das entscheidende 1:0 für die Preußen. Traumstart für Münster, nicht so geil für Düsseldorf.

Die Adler hatten sich eine möglichst ruhige Spielzeit gewünscht und sie bekamen sie. Zumindest halbwegs. In der gesamten Saison tummelte sich der Klub weitgehend im unteren Mittelfeld, aber auf einen Abstiegsplatz fiel der SCP nur zwei Mal. Auf und ab ging es trotzdem. Niederlagen wie einem 0:5 zuhause gegen Braunschweig folgten auch Siege gegen St. Pauli oder Uerdingen. Zum Klassenerhalt brauchte es wieder den vorletzten Spieltag. Ausgerechnet bei der Zweitvertretung von Arminia Bielefeld gewann der SCP mit 3:2 und hatte damit die Liga sicher. Am letzten Spieltag sorgte der SC Preußen gemeinsam mit Borussia Dortmund II für Furore. Der Anlass? Ein Auswärtssieg des BVB in Münster hätte für den kleinen BVB den Klassenerhalt bedeutet – und den Chemnitzer FC aus der Liga gestoßen. Logisch ging in Chemnitz die Sorge um, der SCP könne den westfälischen Nachbarn gewinnen lassen, so unter Kumpels. Aber die Preußen hielten dagegen und beendeten ein spektakuläres Spiel mit einem 5:5. Den Ausgleich für Münster besorgte der Ex-Dortmunder Uwe Seggewiß nach 87 Minuten. Ehrlich: Das sind Geschichten mit hohem Kitsch-Faktor, aber der Fußball schreibt sie. Chemnitz blieb drin und staunte und der BVB ging wutschnaubend ab.

Nach der Partie geschah noch etwas Unerwartetes. Ein Preußentrainer wurde nach regulärem Ablauf seines Vertrages verabschiedet! Nicht rausgeworfen, sondern mit Blumen bedacht. Man fasste es kaum.

Ein großer Wechsel

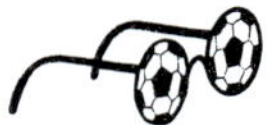

Die Blumen zum Abschied von Hans-Werner Moors überreichte nicht mehr der langjährige Präsident Thomas Herda. Seit 1991 hatte der Unternehmer den Klub geführt, aber im Oktober 2004 war die Entscheidung gereift, das Ehrenamt aufzugeben. Beruflich war Herda mit seinen McDonald's-Franchises zu sehr eingespannt, jetzt wurde es zu viel. Jeder Versuch, den damals 52-Jährigen zum Weitermachen zu bewegen, war zwecklos. Nicht einmal das kurz danach anstehende 100. Klubjubiläum half dabei. Nach Helmut König und Herda würde der SCP erst den dritten Präsidenten seit Anfang der Achtzigerjahre suchen, den 17. insgesamt.

Schatzmeister Hermann Brück wollte nicht, auch sonst niemand aus dem Kreis des Aufsichtsrates. Es war Aufgabe von Thomas Bäumer, seinem Stellvertreter Carsten Cramer und dem übrigen Aufsichtsrat, einen neuen Chef für den Klub zu finden. Das Profil: Der Stadt verbunden, im Stadion präsent und ein guter Repräsentant des Klubs. Allerdings müsse der „Neue" nicht unbedingt auch Geldgeber oder Sponsor sein.

Das Thema Geld schwang dann doch mit. Weil im Dezember noch immer kein neuer Präsident gefunden war, musste Herda übergangsweise bleiben. Auf der Mitgliederversammlung Ende 2004 musste sich das Duo Herda/Brück den Vorwurf anhören, ihren finanziellen „Verpflichtungen" nicht nachkommen zu wollen. Das ließen beide nicht auf sich sitzen und erklärten, den Schuldenstand des Klubs durch ihre Sponsorenverträge bis 2008 abbauen zu wollen. Das nahmen die Mitglieder wohlwollend zur Kenntnis. Herda hatte den Klub durch schwierige Jahre gesteuert. Den Unfall Zweitliga-Abstieg konnte er aber nicht korrigieren. Zweimal qualifizierte sich der SCP für eine Aufstiegsrunde, zweimal scheiterte er. Die sportlich wertlose, aber charmante Amateurmeisterschaft 1994 war ein Trostpflaster. Für das Scheitern des Stadionneubaus 2000 konnte der SCP, konnte Herda nichts. Das hatte die Stadt Münster in einem dilettantischen Planungsdesaster ganz allein verbockt. Von einem Absteiger 1991 hatte sich der SC Preußen zu einem Abstiegskandidaten 2004 entwickelt. Bestenfalls Stagnation darf man das nennen. Dass Herda auf seiner letzten Mitgliederversammlung mahnende Worte in Richtung der

Stadt Münster sprach (man möge bitte endlich Entschlüsse zum Stadion fassen), wirkt mit dem Abstand von 15 Jahren skurril. Es hat ebenso lange gedauert, ehe sich in Sachen Stadion ernsthaft etwas bewegte.

Ende Januar 2005 war endlich der neue Mann für die Klubspitze gefunden. Der 41 Jahre alte Rechtsanwalt Dr. Marco de Angelis, früher Kicker in Gievenbeck, sollte das Amt übernehmen. Nicht allein, sondern im Team mit Georg Krimphove, Dr. Justus Stech und Andreas Schulte-Werning. Für Schatzmeister Hermann Brück bedeutete dies den Abschied, für ihn war nach 25 Jahren im Klub kein Platz mehr. Auch Präsidiumsmitglied Reinhard Panning rückte zur Seite.

Das bedeutete einen gewaltigen Einschnitt. Von heute auf morgen trat das gesamte Präsidium ab und ein neues Team übernahm. Brück hätte nach all den Jahren gerne noch bis zum Klubjubiläum weitergemacht, sein Abschied war halb erzwungen, halb freiwillig, jedenfalls mit Nebengeräuschen verbunden. Nicht zufällig trat das neue Team unter dem Arbeitstitel „Der Aufbruch" an. Alles neu beim SCP. Der Klub solle „mittelfristig erfolgsorientiert, dynamisch und innovativ", dazu ein „sympathischer Repräsentant Münsters und der Region" sein. Als Führungsstil seien Transparenz, Solidarität und Nachhaltigkeit gefragt. So stand es im Thesenpapier, welches das neue Team zum Start vorlegte.

Rund um den Klub wurde der Wechsel in Wort gegossen: *Preußen Münster. Jetzt! Alle!* stand auf Aufklebern und Plakaten, die plötzlich überall entdeckt wurden. Das führte zu manch amüsanter Geste. Vom damaligen Bayern-Profi Mehmet Scholl existiert ein Foto, in dem er eben diesen Aufkleber in die Kamera hält. Ein Schnappschuss am Flughafen, so sah die neue Aufbruchstimmung beim SCP aus. Manchmal sind auch große Visionen witzig im Kleinen. Alles klang jetzt neu und nach Aufbruch. Frische Worte für einen alten und manchmal etwas müden Klub tun immer gut. De Angelis und sein Team wurden allerdings mitten hineingeworfen ins Tagesgeschäft. Die Realität kennt keinen Verzug. Kaum angetreten, hatten sie sich mit Zulassungsfragen zu befassen, mussten einen sportlich arg schlingernden Kahn auf Kurs bringen und endlich ein leistungsfähiges

Team samt Trainer finden. Der Start verlief nicht reibungslos. Auf dem Platz siegte der SCP im Spiel eins nach dem Wechsel in der Klubführung zwar mit 3:0 gegen den VfL Wolfsburg II. Ganze 2.250 Zuschauer vertrieben sich die Zeit im Stadion. Neben dem Platz bekam der SCP aber schnell ein kleines Problem. Der frühere Preußen-Spieler und heutige Richter Dr. Justus Stech erhielt von seinem Dienstherrn keine Freigabe für das Ehrenamt beim SC Preußen und war direkt wieder raus. Für ihn rückte im März 2005 Ulli Gäher als eine Art Mini-Sport-Chef mit beschränkter Zeit nach. Gäher war als Physiotherapeut beruflich ausgelastet und hatte seine begrenzten Kapazitäten auch von Beginn an formuliert.

Trainer-Roulette

Das neue Team in der Klubführung wollte alles anders machen. Soweit es den Sport betraf, sollte auch hier ein Neuanfang stattfinden. Für die Saison 2005/2006 war viel geplant. Die Hinserie würde den Klub in den 100. Geburtstag führen, der sollte 2006 groß gefeiert werden. Für sportliche Dürre war wenig Raum eingeplant. Das wiederum bedeutete für Trainer Hans-Werner Moors den Abschied. Mit dem Spielstil von Moors hatte der SCP im Frühjahr 2004 zwar die Klasse gehalten, aber jetzt sollte sich der Klub etwas neuer aufstellen. Richten sollte das der neue Trainer Colin Bell. „Der SC Preußen Münster ist ein interessanter Verein, bei dem ich etwas aufbauen kann. Ich will den Weg des Aufbruchs mitgehen, damit wir gemeinsam unsere Ziele erreichen."

Bell schlich sich Anfang April 2005 schon einmal unerkannt in die Fankurve, um ein Gefühl für die Stimmung zu bekommen. Er sah einen 1:0-Sieg der Preußen und eine Rote Karte gegen Kiels André Breitenreiter. Aber der „Funke" sei von den Rängen auf den Platz übergesprungen. Nun, so gut das bei 2.600 Fans im weitläufigen Preußenstadion eben möglich war.

Für die besondere Spielzeit hatte sich der SCP einiges vorgenommen. Aus dem süddeutschen Raum hatte Bell Spieler wie Oliver Beer, Sven Kegel oder Steffen Kocholl mitgebracht, viele aus dem Vorjahres-Team blieben.

Das erste Spiel der Saison bei den Amateuren von Hertha BSC ging direkt verloren. Irgendwo hinten links auf dem gewaltigen Trainingsgelände sahen rund 150 mitgereiste Preußen, wie das Nachwuchsteam von Berlin (mit Spielern wie Ante Čović, Ashkan Dejagah oder dem heutigen Trainer Sebastian Hoeneß) durch einen Treffer von Sejad Salihović mit 0:1 unterlag. Jens Bäumer sah in der Schlussminute wegen eines Remplers Rot. Das war ein frühes Warnzeichen, aber wie das oft so ist mit Anzeichen: Man versteht sie erst in der Rückschau.

Der Saisonstart verlief okay. Münster gewann gegen Chemnitz, auswärts in Jena mit 1:0. Ein Spiel, zu dem es noch etwas zu sagen gäbe. Während der gläubige Christ Bell Gott „für alles“ dankte, motzte Jena-Trainer Heiko Weber über „biedere“ Preußen und dass er lieber gegen Osnabrück oder Essen verloren hätte als gegen Münster. Das kratzte die Preußen natürlich nicht wirklich. Dem Auswärtssieg ließ Münster seine mutmaßlich beste Leistung beim 3:1 gegen den Ligafavoriten Holstein Kiel folgen. Mit neun Punkten aus vier Spielen war der SCP auf dem besten Weg Richtung Tabellenspitze.

Was für eine Erleichterung im Preußen-Anhang. Und was für eine Fehleinschätzung. Denn am sechsten Spieltag verlor der SCP das Derby in Osnabrück mit 0:1 und dann leider völlig die Spur. Vier Niederlagen später stand der SCP immer noch bei neun Punkten, aber tief im Tabellenkeller.

Es wurde nicht besser. Der Niederlagenserie folgte eine Unentschieden-Serie. Vier Spiele mit Punkteteilungen, dann setzte es drei Niederlagen in Serien, darunter ein desaströses 0:1 im Westfalenpokal beim BVB II. Trainer Bell und auch Sportchef und Klublegende Gäher wurden wüst beschimpft. Beim 0:4 in Wuppertal war die Geduld der Preußenfans aufgebraucht. Aus Protest gegen die Leistungen betraten die Preußen ihren Block erst nach 19:06 Minuten, zeigten zudem ein Banner mit der Aufschrift WIR SIND DER VEREIN – IHR SEID NUR SPIELER. Nach dem 0:3 hatten alle genug gesehen und verschwanden wieder aus dem Block.

Und wo war Trainer Bell? Nun: Der lag im Krankenhaus. Hörsturz. Stress und Druck waren zu groß geworden. Es war das letzte Spiel für Bell und die sportliche Leitung; und der Trainer war nicht einmal vor Ort. Das nächste Spiel gegen Hertha BSC II betreute schon Stefan Grädler als Interimstrainer. Der SCP verlor mit 1:4 und weil alles gerade so schön schlecht lief, auch gleich noch das Nachholspiel gegen Bayer Leverkusen II mit 1:3. Ganze 1.375 Zuschauer sahen bei Winterwetter zu. Dann feierte der Klub Weihnachten.

Irgendwann über die Feiertage muss im Klub jemand über seinen Schatten gesprungen sein. Anders war nicht zu erklären, was nun passierte: Ausgerechnet Hans-Werner Moors, der noch wenige Monate zuvor als verzichtbar galt, sollte den Klub im Abstiegskampf retten. Das war eine Entscheidung für die Sache, für den Klub. Von Moors selbst und von der Klubführung, deren eigener Plan völlig gescheitert war. Noch einen Rückkehrer gab es: Aus Dresden verpflichtete der SCP Ansgar Brinkmann. Der hatte schon zweimal zuvor (1991 bis 1993 und 1995/1996) für die Adler gespielt, jetzt sollte er im Herbst seiner Karriere noch einmal für etwas Schwung sorgen und Leben in die Bude bringen.

Das Auftaktspiel nach der Winterpause verpasste er, die Preußen setzten beim 1:0-Sieg in Kiel ein richtiges Ausrufezeichen!

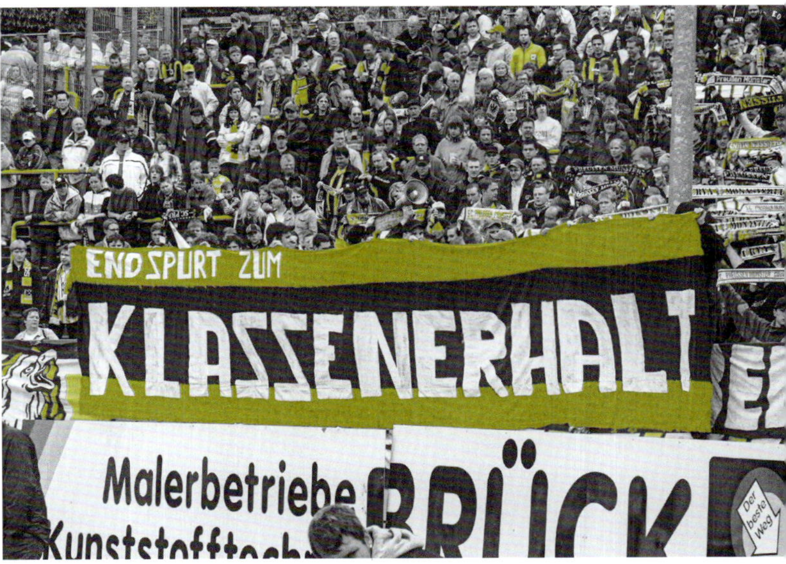

Vor dem Spiel gegen den Wuppertaler SV gab es noch Hoffnung.

Carsten Gockel traf beim Tabellenzweiten, das war schon bemerkenswert. Die Preußen legten nach: Im Derby gegen den VfL Osnabrück siegte der SCP mit 2:1 und schaffte damit einen grandiosen Start. Es ging so weiter: 2:0 in Wattenscheid, der dritte Sieg in Folge. Platz 15, punktgleich mit den Nichtabstiegsplätzen. Jetzt würde doch alles gut. Oder?

Nun, leichter wurde es nicht. Das Heimspiel gegen Tabellenführer RW Essen verlor der SCP mit 1:3, dafür gewann das Team beim 1. FC Köln II mit 2:0 und verließ die Abstiegsplätze. Während der folgenden Spieltage hielt sich der SCP immer über dem Strich, rückte einmal gar bis auf Platz zwölf hoch. Alles war bereitet für den Klassenerhalt. Ein 1:1 bei RW Erfurt ließ die Adler wieder auf einen Abstiegsplatz abstürzen. Und den verließen sie bis zum Saisonende nicht. Binnen zweier Spieltage wuchs der Abstand auf den rettenden Platz 14 sogar auf vier Punkte an. Die bittere Heimpleite gegen Kickers Emden gehörte dazu, auch das 1:2 in Lübeck. Drei Spieltage noch. Die Adler schlugen Fortuna Düsseldorf mit 2:0 und verringerten den Abstand auf zwei Punkte. In Oberhausen gewann der SCP vor tausenden mitgereisten Fans mit 2:1 – sie sahen eines der wichtigsten Tore von Ansgar Brinkmann. Nach 71 Minuten wurde er für Jörn Heineke eingewechselt. Beim Spielstand von 1:1 schnappte er sich in der 83. Minute den Ball, kurvte in den Strafraum und traf. Der Sieg! Das Wunder. Kein Halten mehr beim Preußen-Anhang in der Emscherkurve, da war nur noch schwarz-weiß-grüner Jubel. Mit 39 Punkten lag der SCP punktgleich mit den Plätzen 13 und 14, die den Klassenerhalt bedeuten würden.

Dann kam ein regnerischer Tag gegen Wuppertal und als Jens Bäumer zur Führung traf, glaubten alle, dass es reichen würde. Für etwa eine Minute. Der Wuppertaler SV traf zum Ausgleich. Und Stephan Borks Schuss zum 2:1 nach 80 Minuten stieß Münster runter. Vor dem letzten Spiel bei Bayer Leverkusen II hatte der SCP drei Punkte Rückstand, und obendrauf ein desaströses Torverhältnis von –14. Konkurrent Erfurt musste gegen Aufsteiger RW Essen hoch verlieren, Münster musste in Leverkusen unmöglich hoch gewinnen. Es klappte nur ansatzweise – zwar unterlag Erfurt wunschgemäß, leider nur knapp mit 0:1. Auch die Preußen gewannen ihr eigenes Spiel, leider nur mit 3:1. Der Abstieg in die Viertklassigkeit war damit perfekt. Stadionsprecher Martin *Kerni* Kehrenberg verkündete den Abstieg mit tränenerstickter Stimme und spielte *Another day in paradise* von Phil Collins über die Stadionboxen.

Es passt perfekt in die allgemeine Stimmung, dass der langgediente Preuße und Kapitän Peter Schyrba der erste war, der das gesunkene Schiff verließ. Im Abstiegskampf hatte er seinen Vertrag in Münster noch verlängert – um ein Zeichen zu setzen, wie es großspurig hieß. Alle zusammen, sollte das heißen. Spielt keine Rolle, bedeutete das für Schyrba. Er heuerte nach dem Abstieg für ein paar Monate in Griechenland an und ging danach nach Kiel. Kein feiner Zug und aus Münster begleiteten ihn einige unschöne Worte.

Fünf Jahre bis zur Wiedergeburt

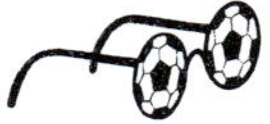

Tja, da stand er nun, der SCP. Erstmals viertklassig. Das fühlte sich unwirklich an, war schwer zu greifen. Es half allerdings, dass der SC Preußen vieles tat, um diesen Abstieg zu korrigieren. Der Klub baute gewisse Drohkulissen auf. Man habe nur diesen einen Schuss. Einen Anlauf für die Rückkehr. „Aufstieg ist die Messlatte", titelten die Westfälischen Nachrichten im Mai 2006. Das untermauerte der SCP mit einigen Personalentscheidungen. Als Trainer verpflichtete er Georg Kress, gleich für drei Jahre. Und zum ersten Mal stellte der SCP jemanden ein, der als eine Art Sportdirektor eine übergeordnete Rolle spielen sollte. Zwar hatten in der Vergangenheit die Geschäftsführer des Klubs – zuletzt Stefan Grädler – Aufgaben im sportlichen Bereich übernommen, aber diese Doppelfunktion sollte aufgelöst werden. In den Wochen zuvor war dafür Hans-Werner Moors angedacht, dann zog der SCP den Mann aus dem Hut, der für viele Jahre ein prägendes Gesicht des Vereins werden würde: Carsten Gockel. Und was für eine Personalie war das! Beim Abstiegsspiel in Leverkusen hatte der gebürtige Münsteraner noch als Stürmer auf dem Rasen gestanden, anschließend beendete er seine aktive Laufbahn und wechselte als „Teammanager" direkt auf den Bürostuhl beim SCP. Was das bei Moors für eine Enttäuschung auslöste, kann man nur vermuten. Verbürgt ist, dass Gockels Berufung im Umfeld des Vereins für Überraschung sorgte. Von Null auf Hundert ging es für den langgedienten Preußen. Gockel sollte später vom Teammanager zum Vorstand Sport befördert werden und zugleich der Klub-Tausendsassa sein. Buchstäblich alles, was rund um die Mannschaft und die Geschäftsstelle passierte, lief über Gockel. Das war Fluch und Segen zugleich, denn Gockel wurde so zum Gesicht des Klubs, bekam aber auch bei jedem Problem Gegenwind.

Ansonsten war der SCP bemüht, sein Ziel Wiederaufstieg zu untermauern. Sehr zur Verwunderung der Fans verpflichtete der Klub Spieler, die man in den Jahren zuvor vermisst hatte. Thomas Piorunek, Lars Kampf, Frank Mayer, der schnell beliebte Michael *Micha* Joswig, Arthur Matlik oder Stefan Siedschlag. Das waren damals imposante Namen und für die Konkurrenz war das Zeichen damit gesetzt. Aber auch für die eigenen Erwartungen. In der Oberliga Westfalen sollte doch niemand ein ernsthafter Gegner der Preußen sein, oder? KNIET NIEDER, IHR BAUERN, war auf Bannern der Preußenfans zu lesen. Jaja, der große SCP. Bekam anschließend ganz schön was auf die, pardon, Fresse …

Ihr seid liegengeblieben

Die Saison war schlimm. Sie fühlte sich sogar noch schlimmer an als der Abstieg, weil selbst Gegner wie Lippstadt oder Gütersloh am Ende besser abschnitten als der SCP. Sogar Arminia Bielefeld II. Im Winter war der SCP Tabellenführer und noch auf Kurs. Den „alten" Tabellenführer SV Lippstadt kanzelte der SCP im eigenen Stadion mit 3:0 ab. Leider schmierte das Team im Frühjahr 2007 völlig ab. Das war eine Demütigung. Blamage. Am Ende ging der SC Verl als Meister ins Ziel, Münster eierte auf Platz sechs hinterher. Mit 17 Punkten Rückstand.

Überflüssig zu sagen, dass Trainer Kress das Saisonende nicht mehr als verantwortlicher Trainer erlebte. Anfang April 2007 wurde er nach einem Heim-1:2 gegen Erkenschwick entlassen. Allein die Umstände dieser Entlassung waren denkwürdig, die Pressekonferenz zu seiner eigenen Entlassung durfte (musste?) Kress als „Gast" an der Seite des Präsidenten und des Teammanagers verfolgen. Draußen an der Wand der alten Tribüne, gleich gegenüber des Kabinentrakts, pappte da noch trotzig der Aufkleber *Jetzt! Aufstieg.* Die Dinger waren in den Monaten und Jahren danach immer mal wieder im Stadionumfeld zu sehen, mittlerweile etwas verblasst natürlich. Eine Erinnerung an eine völlige Selbstüberschätzung, an Eitelkeit und gescheiterte Pläne. Von wegen Aufstieg. Mit Wumms in den Boden gerammt.

Für Kress sprang Teammanager Gockel bis zum Saisonende ein. Und verlor mit dem schon ziemlich lustlosen SCP 1:2 in Herne. Herne! Das Nachholspiel wäre im Winter noch ein absolutes Topspiel gewesen, jetzt schauten gerade 912 Zuschauer zu. Viel mehr kamen auch zu den Heimspielen der Preußen nicht. In der dürftig besetzten Preußenkurve in Herne entfalteten die Fans aus Münster ein riesiges Banner: DIE KUNST IST EINMAL MEHR AUFZUSTEHEN ALS MAN UMGEWORFEN WIRD. IHR SEID

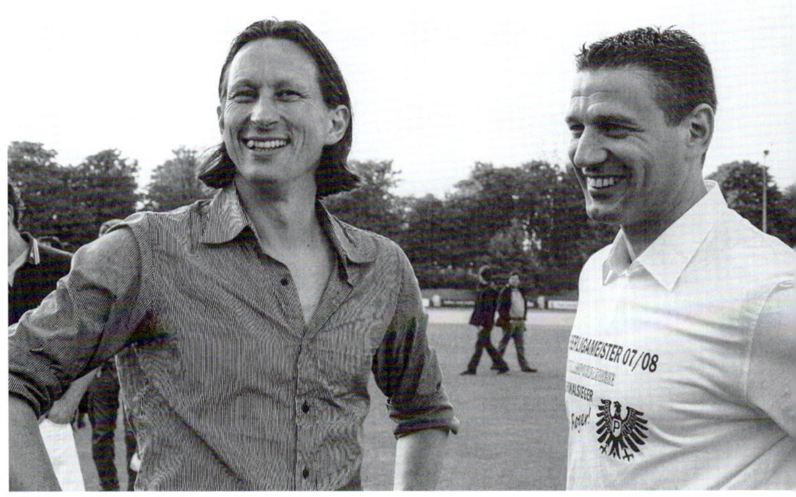

Meistertrainer Roger Schmidt (l.) und Preußen-Präsident Dr. Marco de Angelis.

LIEGENGEBLIEBEN. Autsch. Doppel-Autsch, weil mit dem Scheitern auch klar war, dass der SC Preußen mindestens zwei weitere Jahre viertklassig spielen würde. Denn am Ende der Saison 2007/2008 veränderte der DFB seine Ligenstruktur. Zwischen der Zweiten Bundesliga und dem Amateurfußball installierte der Verband die neue und eingleisige Dritte Liga. Darunter entstanden die drei Regionalliga-Staffeln Nord, West und Süd. Das Kind hieß also wieder Regionalliga, aber gespielt wurde trotzdem in der vierten Klasse.

Für die wichtige Qualifikations-Saison holte der SCP einen Trainer, dessen Name auch nicht ganz unbekannt ist. Roger Schmidt arbeitete als nebenberuflicher Trainer beim SC Delbrück und hatte einen sicheren Ingenieurs-Job. Preußen-Präsident de Angelis (bis heute befreundet mit Schmidt) redete so lange auf ihn ein, bis der nicht nur Delbrück verließ, sondern seinen Job kündigte und in Münster als Vollzeittrainer anheuerte. Unter Schmidt entwickelte der SCP einen offensiven Spielstil. Der führte zu einer überragenden Saison. Ganze drei Saisonniederlagen kassierte der SCP, schoss zwar nur 66 Tore, erspielte damit aber 71 Punkte und wurde souverän Meister. In Hamm, am vorletzten Spieltag, machte der SCP das Meisterstück perfekt. Roger Schmidt wurde auf Armen getragen. Die Qualifikation zur neuen Regionalliga West war perfekt.

Der Preußen-Trapattoni

Die Jubelsaison war eine Befreiung nicht nur in sportlicher Sicht, sondern auch für das Verhältnis des Klubs zur und in der Stadt. Endlich durfte man als Preuße wieder die Klubfarben tragen und zeigen. Musste nicht den Schal verschämt unter der Jacke tragen und erst kurz vor dem Stadion auspacken. Nein, als souveräner Meister mit 20 Saisonsiegen war Feiern angesagt. Lange hatte der SCP nichts mehr zu feiern gehabt.

Das letzte Saisonspiel gegen RW Ahlen II sahen 5.400 Fans. Die Meisterschaft hatte das Team längst sicher und wichtiger als das Spiel war die anschließende Siegesfeier auf dem Domplatz. Trotzdem: Im Stadion ließ der SCP die Muskeln spielen. Präsident de Angelis mit einem Adler auf dem Arm, die Mannschaft mit einem Dankes-Plakat an die Fans IHR WART FANTASTISCH, der Trainer bekam eine kalorienreiche Torte zum Triple aus Meisterschaft, Kreispokal- und Westfalenpokalsieg. Alle hatten sich richtig lieb. In der Kurve hing ein großes Banner mit der Aufschrift IMMER WEITER, AUF NACH VORNE!

Später auf dem Domplatz, wo zeitgleich das *Eurocityfest* tobte, feierten tausende Preußen ihre Mannschaft. Aufsichtsratschef und Geldgeber Thomas Bäumer wurde gefeiert und bekam ein eigenes Danke *Thomas-Trikot.* Es sollte das letzte Mal sein, das sich Thomas Bäumer so großer Beliebtheit erfreute.

Münster und der SC Preußen: So eng und innig war das Verhältnis viele Jahre nicht mehr gewesen. Im Überschwang der Gefühle verlängerte das Präsidium den ohnehin schon auf drei Jahre (bis 2010) angelegten Trainervertrag mit Roger Schmidt vorzeitig bis 2012, im Aufstiegsfall mit einer Verlängerung bis 2014. „Rentenvertrag“ nannten das die Westfälischen Nachrichten.

In der ersten Saison der neuen Regionalliga West spielte der SCP zeitweise aussichtsreich mit. Für ganz oben reichte es nicht, am Ende landete Schmids Team auf Platz vier (53 Punkte). Meister wurde Borussia Dortmund II mit 68 Punkten. Es war eine Saison mit phasenweise attraktivem Fußball und ein paar besonders schrägen Momenten.

Unbezahlbar war dieser eine heiße April-Tag in Essen. An der Hafenstraße sahen 8300 Fans, wie der entfesselte SC Preußen die heimischen Rot-Weißen mit 4:0 deklassierte. Julian Loose, Michael Erzen, Marius Sowislo, Massih Wassey. Vier Treffer mitten ins rot-weiße Herz. Und das in Essen! Dort, wo die Preußen über Jahre dreckige Niederlagen kassiert hatten. Der Jubel im Gästeblock war schweißtreibender als die Leistung der Spieler auf dem Rasen. Es war richtig harte Arbeit, nicht vollends durchzudrehen.

Man darf nebenbei daran erinnern, dass ein Detail diesen Sieg noch doppelt versüßte. Trainer des RWE war Ernst Middendorp und jeder Preuße weiß, dass der ein alter Armine ist. Wunderbar. Für ein paar Tage. Im folgenden Heimspiel verlor der SCP gegen den 1. FSV Mainz 05 II mit … 0:4. Die launische Diva lieferte mal wieder ganze Arbeit ab.

Das sollte dann in der Spielzeit 2009/2010 anders werden. Nach Platz vier ging es um den Aufstieg. Das eine Jahr Ankommen in der neuen Regionalliga war in Ordnung, aber natürlich war der SCP mit Ansprüchen angetreten und ohnehin spät dran. Jahr vier in der Viertklassigkeit. Mit neuen Spielern wie Wojciech Pollok, Marc Lorenz oder David Fall nahmen die Adler den nächsten Anlauf. Das Auftaktspiel gegen den 1. FSV Mainz 05 II ging direkt mit 1:2 verloren und irgendwie war es eine Warnung, die niemand zur Kenntnis nahm. Nach fünf Spieltagen rangierte der SCP auf Platz 17 von 18. Das lief nicht optimal, um es vorsichtig zu sagen. Wie nervös der Anhang auf diese Art von sportlichen Störungen reagierte, war schnell auf den Rängen abzulesen. WIE JEDES JAHR: MEHR SCHEIN ALS SEIN, bekamen Spieler und Verantwortliche beim 1:2 gegen den SC Verl zu lesen.

Der holprige Saisonstart sorgte auch in der Klubführung für eine Menge Gesprächsstoff. Es gab diese Pressekonferenz, in der Präsident de Angelis eine ausschweifende Rede für den Trainer hielt. „Einstimmig“ habe das Präsidium dafür votiert, den Trainer zu unterstützen. Das Problem sei eher ein mentales, also bei den

Spielern zu suchen, als eines des Trainers. Das war eine deutliche Rückendeckung für Schmidt. „Der Preußen-Trapattoni" titelten die Westfälischen Nachrichten am Tag nach der Brandrede des Präsidenten. Und was auch immer den Ausschlag gab: Die Preußen berappelten sich und schlichen mit Siegen Richtung Tabellenspitze. Platz drei nach dem elften Spieltag war schon eine Beruhigung. Aber keine von Dauer. Die Spitzenklubs aus Saarbrücken oder Lotte zogen oben ihre Runden, der SCP hechelte immer nur hinterher. Stets war der Abstand so, dass kein direkter Sprung an die Spitze möglich war. Im Frühjahr 2010 war absehbar, dass es mit dem Aufstieg nichts werden würde. Der Abstand auf den 1. FC Saarbrücken war schon gewaltig und nicht weniger groß war die Enttäuschung im Klubumfeld. Dass der SCP dann zuhause gegen den 1. FC Köln II mit 1:2 verlor, brachte das Fass zum Überlaufen. Zwei Schüsse von Simon Terrodde trafen mehr als nur ins Tor. Die Geduld des Publikums war schon seit Wochen überstrapaziert. Inmitten der Kritik: Meistertrainer Roger Schmidt. Der ziehe stoisch und beratungsresistent sein Ding durch, lautete der Vorwurf. Dass Wojciech Pollok das Anschlusstor gegen Köln

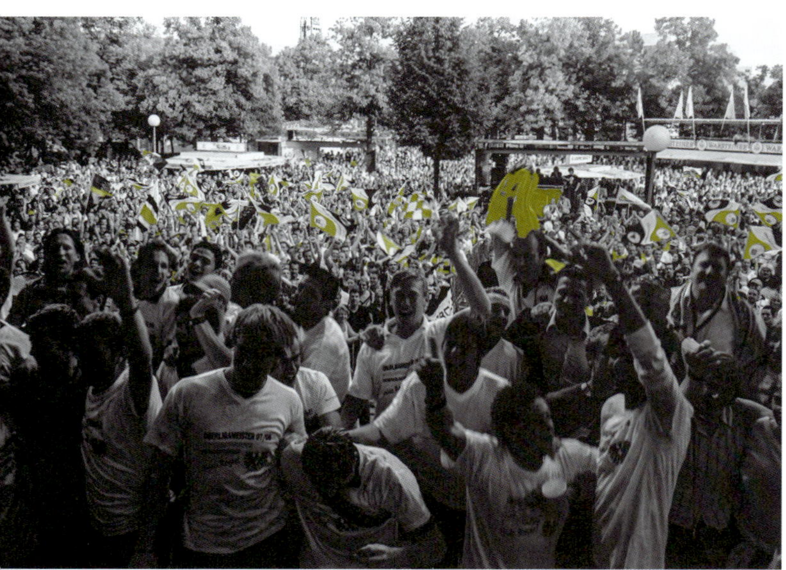

Jubelfeier auf dem Domplatz von Münster.

II erzielte, brachte zwar die Fans in diesem Spiel kurzzeitig wieder zurück, aber auch auf die Palme. Eben jenem Pollok hatte Trainer Schmidt in den Wochen zuvor kaum zu Einsatzzeiten verholfen. Während des Spiels hatte es hämischen Applaus für den SCP gegeben, nach Abpfiff herrschte weitgehend Stille. Und beim SCP war die Einsicht nicht mehr zu verhindern, dass es mit Roger Schmidt nicht mehr weitergehen konnte. Treueschwüre hin, Brandreden her.

Anderthalb Stunden sei der Trainer mit seinem Präsidenten in der Kabine verschwunden, heißt es später in Münsters Medien. Man habe nicht viel gesprochen, das sei alles sehr emotional gewesen. Im Interview mit den Westfälischen Nachrichten hatte Schmidt mit dem Abstand von zwei Tagen Seltsames zu berichten. Die Ansprüche der Fans seien zu hoch, die Mannschaft sei schon am zweiten Spieltag „niedergeknüppelt" worden. Das war auch so eine Seite von Schmidt. Manchmal ein bisschen arg empfindlich, wenn etwas nicht so lief. Dabei ist Münster, was die Stimmung im Stadion betrifft, doch wahrlich harmlos, aber Schmidt kam aus Delbrück und kannte so etwas wie Fankultur gar nicht.

Als nichts mehr ging und Schmidt gehen musste, fand der SC Preußen Marc Fascher. „Keine Liebesheirat" überschrieben die Westfälischen Nachrichten die Vorstellung von Fascher. Der frühere Emder war zuletzt bei Carl Zeiss Jena beschäftigt gewesen, jetzt holte ihn der SC Preußen als „Feuerwehrmann". Seine Anstellung war eher eine Panikreaktion denn strategische Planung. Das folgte oft keinem Plan, sondern war Reaktion auf eine zeitweilige Entwicklung. So richtig retten konnte Fascher die Saison nicht, immerhin kassierte er in seinen elf Spielen nur drei Niederlagen. Das reichte zusammen mit vier Siegen am Ende zu Platz sechs in der Liga. Weit, weit weg von der Tabellenspitze, aber auch ohne Gefahr nach unten. Am letzten Spieltag verlor der SCP schon etwas kraftlos gegen den VfL Bochum II mit 0:2. Ein Sieg hätte gereicht, um wenigstens die Nachbarn von RW Essen noch zu überholen.

Einschub: Abschied vom alten Stadion

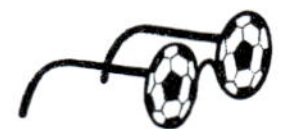

Noch einen Abschied mussten die Fans in dieser Saison akzeptieren. Nach dem böse gescheiterten Stadionneubau Preußenpark und den folgenden, nicht weniger gescheiterten Plänen eines Neubaus im Norden der Stadt war Stille eingezogen. Acht Jahre lang passierte rein gar nichts mehr im alten Preußenstadion. Die Stadt musste dem Klub aus dem Schlamassel helfen, in das er praktisch ohne eigenes Zutun geraten war. Die Planungen des Klubs waren seit Ende der Neunzigerjahre auf den erwarteten Neubau ausgerichtet, auch wirtschaftlich. Doch dann erklärte das Oberverwaltungsgericht Münster im Dezember 2000 den Bebauungsplan für nichtig und das Neubauprojekt war tot. Auch weil Alternativen anschließend keinen Erfolg hatten, stand der SCP vor einem Scherbenhaufen.

Mit der Stadt handelte der Klub einen Deal aus: Die Stadt würde den Klub mit einer Einmalzahlung unterstützen – zu einem späteren Zeitpunkt wahlweise zu verwenden für einen Stadionneubau oder Umbau. Die Vereinbarung enthielt die längst legendäre Aussage der Stadt, damit sei das städtische Engagement für ein Stadion abschließend dargestellt. Anders gesagt: Mehr

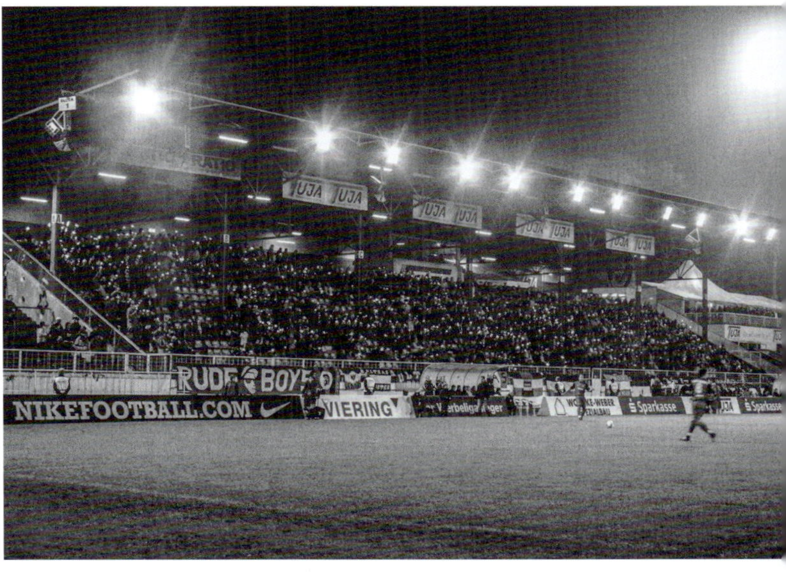

Wunderkerzen beim letzten Spiel im alten Stadion.

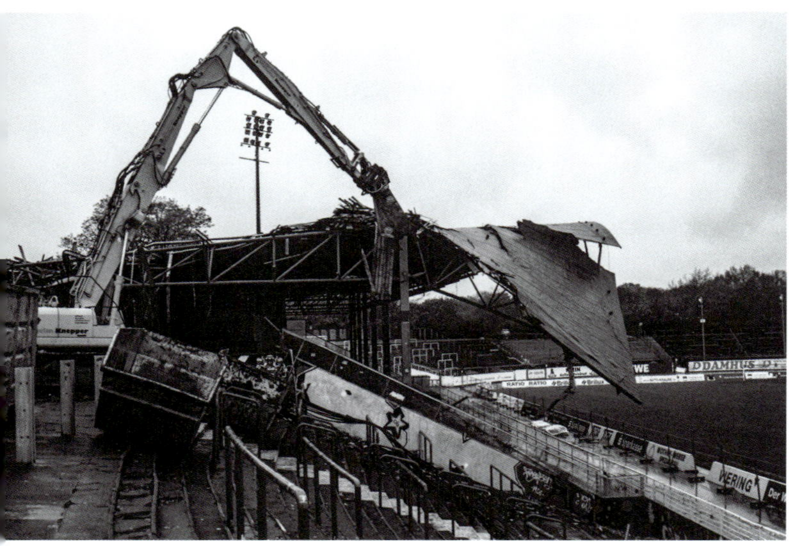

Abriss der alten Haupttribüne, die noch Bundesliga-Zeiten erlebt hatte.

Geld gab es nicht mehr. Ein Stadionneubau sei keine städtische Sache. Nun ja. Das Geld wurde für fünf Jahre bei der Sparkasse angelegt und die jährlichen Zinserträge (ja, damals gab es noch Zinsen …) bekam der SCP ausgezahlt. Als dieser Deal dann auslief, war ein Neubau nicht absehbar. Die als Neubau-Standort auserkorene Nieberdingstraße war Lichtjahre entfernt von einer Realisierung. Was tun? Die Preußen taten, was als beste Minimallösung wohl sinnvoll war. Sie nahmen das Geld und planten damit die Errichtung einer neuen Haupttribüne. Damit waren die Zeiten der alten Tribüne mit Holzplanken und den abgelegten grünen Schalensitzen aus dem Ulrich-Haberland-Stadion in Leverkusen (heute BayArena) beendet.

Das Heimspiel gegen den 1. FC Kleve (1:0, Siegtor durch Robert Magos) war das letzte Spiel mit der Tribüne, die 1963 das erste Bundesligaspiel der Geschichte begleitet hatte. Dirk Müller machte den „Hund“ (Preußen wissen, was das ist). Vor dem Spiel flammten Wunderkerzen auf, nach der Partie durften alle noch einmal auf die Tribüne, wo dann zahlreiche Bestandteile der Tribüne den Besitzer wechselten. Es könnte sein, dass ein Teil auch bei mir zuhause liegt, aber das würde ich nie zugeben. Eine Woche später knabberten Bagger die alte Tribüne weg. Jedes Stück Dach, das da krachend zu Boden stürzte, war schmerzvoll. Das ging wohl allen so.

Klar, da waren die schönen Entwürfe für den modernen Bau, der folgen würde. Jeder wusste, dass der Neubau der Tribüne wichtig sein würde und dass die alte Tribüne einfach ihre Zeit überlebt hatte. Aber es war eben unser Wohnzimmer. Der A-Block, in dem immer Bambule war. Der „Business-Bereich", der im Grunde genauso aussah wie der A-Block, nur mit verblichenen Plastiksitzen. Kernis Reich: Die Kabine des Stadionsprechers. Und viel, viel Platz hinter den Sitzplätzen. Jede, jeder konnte überall hin. Das war die freieste Tribüne, die der Fußball zu bieten hatte. So modern die heutige Tribüne auch ist, in gewisser Weise trennt sie auch. Ganz oben die VIPs, darunter der Business-Bereich, alles penibel sortiert und bewacht. So ist der Fußball heute eben.

Binnen weniger Monate entstand an der Stelle der alten Tribüne das neue Gebäude für knapp 3.000 Zuschauer.

Wir sind wieder da!

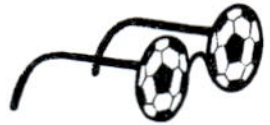

Die wichtigste Entscheidung für die Saison 2010/2011 traf der SCP im April 2010. Als die Preußen ihren „Feuerwehrmann" Fascher im März vorgestellt hatten, war das eine Sache auf Zeit. Sozusagen ein bezahltes Praktikum oder ein drei Monate währendes Vorstellungsgespräch. Es gab am Ende wenig Argumente, warum Fascher gehen sollte. Also blieb er. Am Tag des Klub-Geburtstags, dem 30. April 2010, bat der SCP zur Pressekonferenz. Wieder saß Fascher auf dem Podium – diesmal durfte der alte und neue Trainer aber zentral zwischen dem Präsidenten und dem Aufsichtsrat Platz nehmen. Wenige Wochen zuvor musste er während seiner erstmaligen Vorstellung noch an der Seite sitzen. Die Macht der Bilder, oder? Mit Faschers fester Installation ging auch eine weitere Entscheidung einher. Ein Sportlicher Leiter, wie er zwischendurch geplant und gefragt war, kam nicht. Namen wie Michael Rummenigge, Maik Walpurgis oder Ansgar Brinkmann waren gehandelt worden. Auch Hans-Werner Moors oder Hannes Bongartz. Völlig unterschiedliche Typen, völlig unterschiedliche Ansätze. Am Ende bekam Marc Fascher das Heft in die Hand gedrückt. Carsten Gockel blieb Präsidiumsmitglied Sport und Chef der Geschäftsstelle. Chefscout war Harald Menzel, die Ex-Preußen Stephan Küsters und Ansgar Brinkmann sollten für den Klub die Augen offenhalten.

In der Rückschau fällt eine Aussage von Fascher besonders auf. Er sehe sich als „Teamplayer", sagte der Trainer bei seiner zweiten Vorstellung in Münster. „Eine One-Man-Show" werde er nicht abliefern. Das behalten wir bitte im Ohr, denn darüber gab es anderthalb Jahre später doch arg unterschiedliche Ansichten.

Für die neue Saison baute der SCP (wieder einmal) kräftig um. Jens Wissing verkaufte der Klub an Borussia Mönchengladbach, nach Christoph Metzelder der zweite Abschied eines Talents nach oben (Markus Happe nicht zu vergessen, aber das war viele Jahre früher). Marvin Bakalorz machte selbst den Abflug und suchte trotz einiger Einsatzzeiten unter Fascher eine neue Herausforderung, Spieler wie Guerino Capretti, Clément Halet, Jonathan Bourgault, David Lauretta oder Michael Erzen erhielten keinen neuen Vertrag. Da war ordentlich Bewegung drin. Für die Abgänger kamen Leute wie Stefan Kühne, Patrick Huckle, Oliver Glöden,

 Patrick Kirsch. Und Babacar N'Diaye, der alte Mann, Liebling der Fans.

Es formte sich langsam ein Team aus Aufsteigern. Die Stimmung unter den Fans war jedenfalls ausgelassen. Das roch nach mehr.

Erstmal sorgte aber der Blick auf die neue Regionalliga für Ernüchterung. Unter den 18 Klubs tummelten sich 10 (!) Zweitvertretungen. In der Regionalliga West spielten drei, vier Teams, deren Namen so etwas wie Tradition und Attraktivität versprachen. Münster, Trier, Wuppertal, Homburg. Dazu Verl, Wiedenbrück, Lotte, Elversberg. Das war keine schöne Liga, da gibt es nichts zu verklären. Ein Blick auf die Regionalliga 2020/2021 zeigt den Unterschied. Essen, Oberhausen, Aachen, Wuppertal. Und nur noch fünf Zweitvertretungen.

Zum Sport: Mit dem neuen Team lief der Start nicht von Beginn an stark. Die Ergebnisse waren eher wechselhaft. Nach dem 1:1 zum Auftakt in Wuppertal verlor der SCP gegen Düsseldorf II und BVB II, gewann zwischendrin gegen Trier und bei Arminias U23.

Am 15. Spieltag enterten die Adler erstmals Platz eins, den einzigen Aufstiegsplatz. Die Tabellenführung verlor der Klub bis zum letzten Spieltag nur noch einmal. Das war nach dem 0:1 in Lotte, damals ein Spitzenspiel beim Verfolger. Da war die Stimmung auch sofort wieder angeschlagen. Aber die Niederlage blieb ein Ausrutscher. Was das Team im Anschluss leistete, war ein beeindruckender Kraftakt. Acht Siege in Folge holte der SCP bis zum Aufstieg, der letzte davon war ein Jubeltaumel in schwarz-weiß-grün.

Über die Saison 2010/2011 sagte Sportgeschäftsführer Carsten Gockel: „Die Traditionsklubs sterben aus." Gemeint war damit die Regionalliga, die zunehmend zum Tummelplatz der Bundesliga-Nachwuchsteams und ambitionierten Dorfclubs wurde. Das ist eine Debatte, die auch heute noch geführt wird.

Die Meisterschaft und der Aufstieg waren perfekt, schon am viertletzten Spieltag der Saison. 18.500 Fans (zu der Zeit ein Viertliga-Rekord) sahen das entscheidende 3:0 gegen Mönchengladbach II, eine Feier unter Flutlicht. Pollok, Kühne, Kara. Jubelsturm nach Abpfiff, anschließend Arm in Arm die Hammer Straße runter Richtung Kreisel, aber schon vorher irgendwo in der *Krone* versackt. Was für ein Tag. Und Marc Fascher war der König von Münster und stand (und steht bis heute) gleichrangig neben Helmut Horsch. Böswillige Menschen würden sagen, mit der Mannschaft und in der Liga hätte jeder Trainer aufsteigen können, aber dann müsste man das über Horsch und die Oberliga 1989 auch sagen. Den Moment im Mai 2011 kann uns niemand wegnehmen.

Er machte auch die manchmal tristen Tage in der Vierten Liga in der Rückschau erträglicher oder unterhaltsamer, als sie eigentlich waren. Aus den fünf Jahren sind Erinnerungsfetzen erhalten geblieben. Die riesige Schüssel in Gladbach, das alte Stadtstadion, in dem früher mal 36.000 Platz hatten, an einem völlig verregneten Märztag aber nur 1.100 Leute dabei waren, als der SCP verlor. Das Unterhaltsamste in Gladbeck war der Polizeibulli, der sich oben hinter den Rängen unter großem Gejohle der Preußenfans im Dreck festfuhr.

Da war das Hemberg-Stadion in Iserlohn, wo der SCP mal gegen die Sportfreunde Oestrich-Iserlohn spielte. Vorher hatte die Lokalpresse eine Polizeimeldung über „Münsteraner Problemfans" ziemlich unkritisch übernommen – doch diese Problemfans beteiligten sich dann ganz zivil an einer Hilfsaktion der Sportfreunde und überreichten einen Geldscheck statt Prügel.

Da war das Auftaktspiel gegen Schalke II in der gewaltigen Schalker Arena, das rund 3.500 Preußenfans besuchten, aber nur wenige Schalker. Auf der Tribüne saß die gesamte Schalker Sportführung – Trainer Fred Rutten, Andreas Müller, die Co-Trainer Youri Mulders und Mike Büskens. Schalker können ja jetzt raten, in welcher Saison das war. Der Auftritt am Delsen, als der SCP im ersten Oberliga-Jahr schon völlig abgeschlagen war. Gerade mal hundert Preußenfans wollten sich diesen Kick noch antun; und sie hatten wohl das richtige Gespür, denn der SCP unterlag nach indiskutabler Leistung mit 0:2.

Es gab einiges zu sehen. Das Ischelandstadion in Hagen, das eigentlich gar keinen hochklassigen Fußball beherbergt, aber 2008 zeitweise die TSG Sprockhövel.

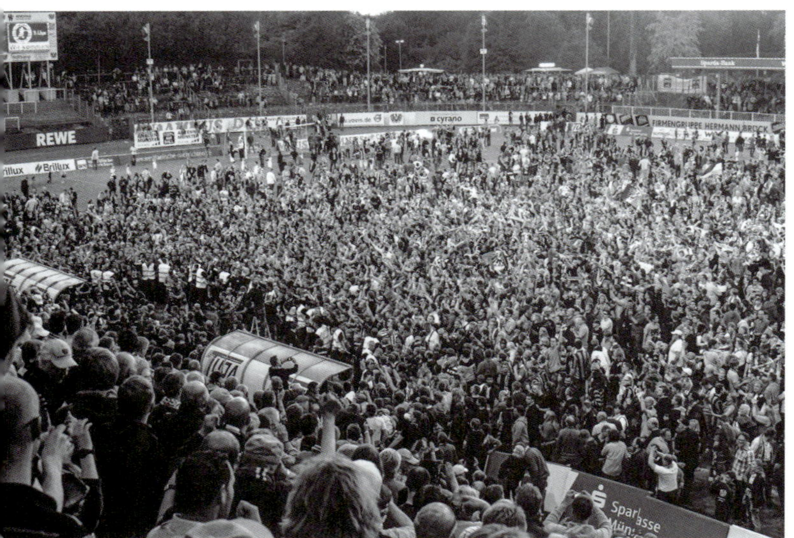

Platzsturm nach dem Aufstieg in die Dritte Liga.

Die Aufstiegssaison dürfte eine gewichtige Rolle für die Erinnerung an die Viertklassigkeit spielen. Das, was zuletzt kommt, bleibt eben hängen. Und da war viel Jubel, viel Party 2011. Aber noch etwas passierte in diesem Jahr. Der SC Preußen Münster war wieder gesellschaftsfähig. Gerade die Jubelserie im Frühjahr 2011 hinterließ auch in der Stadt Eindruck. Steigende Besucherzahlen im Stadion belegten das Interesse – und ganz ehrlich: Wann hatten sich die Münsterländer zuletzt mal so um Tickets gerissen wie vor dem Aufstiegsspiel? Ja klar, die ganzen Eventies, wie manche Altgedienten auch motzten. Aber wie sonst kommt denn ein Klub an neue Fans? Es ist doch normal, dass der Erfolg Menschen neugierig macht. Wie anders habe ich 1989 den Weg zum SC Preußen gefunden?

Sicher ist: 2011 brachte den SC Preußen zurück auf die Landkarte des Fußballs. Es war ein Aufbruch in eine wirklich neue Liga. Auf einem Niveau, wie die Zweite Bundesliga Anfang der Neunzigerjahre spielte. Nur einmal zur Erinnerung und Einordnung: Von den Zweitligaklubs aus Münsters letzter Saison 1990/1991 spielen heute nur drei (!) Teams in der Bundesliga (Schalke, Mainz, Freiburg), vier in der Zweiten Bundesliga (Hannover, Braunschweig, Osnabrück und Darmstadt), vier in der Dritten Liga (Saarbrücken, Mannheim, Duisburg und Meppen) und der Rest ist abgestürzt in den Amateurfußball (Stuttgarter Kickers, Homburg, BW 90 Berlin, Fortuna Köln, VfB Oldenburg, RW Essen, Havelse und Schweinfurt).

Die Dritte Liga: Zurück auf der Landkarte

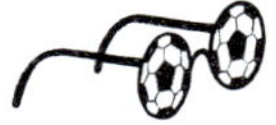

Das Abenteuer Dritte Liga ging der SCP mit einer nochmal verstärkten Truppe an. Aus Osnabrück kam Benny Siegert, dazu stießen Jens Truckenbrod und das Preußen-Urgestein Max Schulze Niehues. Der Torwart hatte sein Glück zwischendurch bei Zweitligist Fortuna Düsseldorf versucht, war in der Zweiten Bundesliga jedoch nie zum Einsatz gekommen, nur in der U23 der Fortunen. Jetzt war er endlich wieder da, auch wenn 2011 niemand ahnte, dass wir das gesamte Jahrzehnt mit ihm verbringen würden. Weitere Neuzugänge hießen: Philip Heise (der in Münster nicht glücklich wurde), Daniel Masuch, José Pierre Vunguidica oder Marco Königs. Das war schon eine jovele Mannschaft. Eine schöne Mischung. Leider war 2011 auch das Jahr, in dem sich der SCP von manch anderen altgedienten Aufstiegshelden trennte. Allen voran Mehmet Kara, der seine beste Zeit beim SCP hatte und nun zum Zweitligisten SC Paderborn wechselte. Auch die Lokalhelden Julian Loose und Marc Lorenz verließen den Klub.

Vieles war neu, alles fühlte sich in diesem Sommer neu an. Überall kribbelte es, das war zu spüren. Schließlich war die Dritte Liga anders als die Jahre zuvor in der Regionalliga. Im Stadion zogen die Fans eine gewaltige Blockfahne in schwarz-weiß-grün hoch, darunter die Botschaft: Die Tristesse ist vorbei. Das war das richtige Gefühl. Fünf Jahre Viertklassigkeit hatten eben doch genagt am Selbstbewusstsein. Dass auch die Fans und das Umfeld die Vierte Liga am Ende als trist empfanden, ist im Laufe der Jahre untergegangen. Aber so war das. Neun Zweitvertretungen musste der SCP im letzten Viertliga-Jahr ertragen, darunter als besonders nervige Demütigung die zweite Mannschaft von Arminia Bielefeld. Zudem Gladbach II, Kaiserslautern II, Mainz II, Schalke II, Bochum II, Leverkusen II, Köln II, Düsseldorf II. Und Homburg, Elversberg, Trier. Das waren bei allem Respekt Klubs, zu denen keinerlei Beziehungen bestanden, kein regionaler Bezug, nichts. Und so wird man ja im Moseltal oder im Saarland auch gedacht haben über die ollen Westfalen. Wenn man das zum Maßstab nimmt, ist die Regionalliga 2020/2021 für den SCP deutlich attraktiver als die Regionalliga 2010/2011. Jetzt reisen die Preußen wenigstens innerhalb von NRW. Aachen ist das Auswärtsspiel der Extreme, „sagenhafte" 215 Kilometer müssen die armen Preußenfans reisen, um an den Tivoli zu gelangen. Der SC Preußen hatte in der Sommerpause selbst ausgerechnet, welche Wege in der gesamten Saison auf ihn zukommen würde und kam auf rund 4.300 Kilometer. Das war in der Dritten Liga ein Witz: Diese Zahl erreichten die Preußen allein mit den drei Spielen in München.

Und es wäre ein Silberstreif am Horizont, wenn man die Spiele auch besuchen könnte. Aber danach sieht es im Sommer 2020 nicht gerade aus, oder?

Im Sommer 2011 scherte sich niemand um Kilometer. Ab nach Erfurt, Burghausen, Unterhaching, Saarbrücken, Babelsberg! Am meisten elektrisierte alle die Aussicht auf vier Derbys in der Saison. Jetzt war Schluss mit Arminias U23, jetzt spielte der SCP endlich wieder gegen Arminias Erste. Die war freundlicherweise passend zur Rückkehr der Adler aus der Zweiten Liga abgestiegen und als Tabellenletzter auch finanziell schwer angeschlagen. Ein Fest für alle Preußen, die Ende der Achtzigerjahre diese heißen Derbys erlebt hatten. Für die jüngeren Fans war Osnabrück wichtiger. Die Lila-Weißen waren ebenfalls abgestiegen, allerdings etwas später in der Relegation gegen Dresden. Der Doppel-Abstieg sorgte im Umfeld des SCP für eine gewisse Häme, worüber man noch einmal ein paar Worte verlieren sollte. Es war keine Seltenheit, dass Klubverantwortliche (und Fans) in den ersten Drittligajahren darüber sprachen, dass die vermeintlich stärkeren Konkurrenten doch allesamt auch „nur" in der Dritten Liga spielten. Immer dann, wenn sportliche Dürrephasen für Murren im Umfeld sorgten, verwies der Klub darauf. Die Logik dahinter war: Was regt ihr euch auf, die sind doch in der gleichen Liga wie wir. Das ist ein sinnloses Argument. Der SCP war in der Vergangenheit oft ziellos, es fehlte einfach eine Idee für mehr als eine Saison. Häufig waren die Ansprüche größer als das Ergebnis. Arminia und Osnabrück spielen doch auch nur Dritte Liga, oder? Nö. Die beiden haben, während der SC Preußen seit 1991 den Profifußball nicht mehr gesehen hat, Jahre und Jahre eben dort verbracht. Sind auch mal abgestiegen, klar. Und aufgestiegen. Da wurde gefeiert und getrauert und beide Klubs haben Fußspuren hinterlassen. Welche Abdrücke gab es vom SCP? Genau. Keine. Was ist das für eine Logik, zu sagen, die spielen ja auch nur Dritte Liga, wenn sie gerade zuvor noch gegen

Hertha BSC oder Fortuna Düsseldorf oder andere Klubs gespielt hatten, während der SCP sich mit deren Zweitvertretungen und irgendwelchen Amateurvereinen rumschlagen durfte? Nicht einmal der wirtschaftliche Schlingerkurs in Osnabrück und Bielefeld konnte die Klubs stoppen. Wenn es hart auf hart kam, flossen dort die Gelder von der Stadt, aus der Wirtschaft, von Fans. Der Rückhalt, den der VfL oder die Arminia in ihrer Region genießen, fehlt in Münster. Und das, darum wette ich, hat auch etwas damit zu tun, dass die sportlich besseren Zeiten den Leuten in der Region auch etwas gegeben haben. Dass die Klubs sichtbar waren und im großen Rahmen spielten. Auf der großen Bühne. Das bot Gelegenheit, Geschichte(n) zu schreiben, die es in der bedeutungslosen Drittklassigkeit oder Viertklassigkeit kaum gab. Während der SCP sich durch Jahre des Abstiegskampfes in der Regionalliga Nord quälte und endlich runter in die Viertklassigkeit rauschte, kickte Arminia gegen Bayern München, BVB und Schalke. Und mit welcher scheinbaren Leichtigkeit beide Klubs am Ende wieder in den Profifußball zurückkehrten! Arminia Bielefeld spielt jetzt wieder gegen die Bayern. Osnabrück gegen den HSV. Und Münster gegen Homberg. Das ist die Realität.

Aber all das wussten wir 2011 nicht. 2011 waren wir wieder da und die anderen warteten auf uns.

Knalleffekt

Die Spielvereinigung Unterhaching kam zum Auftakt vorbei, ein Klub, der zuletzt 1990 in der Zweiten Liga Gegner der Preußen war. Mit Heiko Herrlich als Trainer. Auf der Tribüne flatterten hunderte Pappschilder mit dem Preußenadler drauf. Die erste Partie in der Dritten Liga endete 1:1, weil Güvenisiks Führungstreffer durch Thiel ausgeglichen wurde. Rund 7.500 Fans sahen zu, der SCP rückte erstmals seit langer Zeit in die ARD-Sportschau, vier Kameras lichteten das Spiel ab. So fühlte sich die Rückkehr in den Profifußball an.

Und die Mannschaft legte mit dem Schwung eines Aufsteigers los. Gewann in Chemnitz dank eines Siegert-Kopfballs, schlug Oberhausen mit 1:0, gewann in Jena mit 3:1. Tabellendritter war der SC Preußen da, bester Aufsteiger natürlich. Und ein kleines Geschenk an die geschundene Preußenseele: Arminia Bielefeld war am vierten Spieltag Tabellenletzter. Auch wenn ich oben über manchmal etwas unangebrachte Häme schrieb: Das Gefühl war natürlich im Sommer 2011 unbezahlbar. Ist so.

Nun ja, die Realität holt Aufsteiger oft ein. Drei Unentschieden später lag der SCP zwar sicher im Mittelfeld, aber der erste Schwung war spürbar schwächer geworden. Und dann Osnabrück, das erste Derby seit Jahren. Ein Derby vor ausverkauftem Haus, das in der Rückschau mit Sport nichts mehr zu tun hat.

Es war warm an diesem Samstagnachmittag, im winzigen und engen Gästeblock stand die Luft. Natürlich war der Block auch knackig voll. Kurz vor Anpfiff krachte es rechts unten von uns gewaltig. Alle zuckten zusammen und es war ziemlich klar, dass das kein normaler Böller war. Allerdings war auch im Block wenig zu sehen. Das Ausmaß des „Böllerwurfs" wurde erst nach dem Spiel öffentlich. Ein „Fan" des SC Preußen hatte eine Bombe (ja, so muss man das nennen) Richtung Spielertunnel geworfen. Durch die Explosion wurden zahlreiche Menschen teilweise schwer verletzt. Am Ende zählte die Polizei 33 Verletzte, darunter fünf Kinder. Ein Wahnsinn. Der Täter wurde identifiziert und später zu fünf Jahren Haft verurteilt – und das Gericht verwies auch darauf, dass der Täter zwar allein gehandelt habe, aber Hilfe von Mittätern gehabt habe. Das war keine spontane Aktion, sondern geplant, befand das Gericht und ging in seinem Strafmaß über den Antrag des Staatsanwalts hinaus. Als wäre das nicht Strafe genug, solidarisierten sich Anhänger aus der Curva Monasteria mit dem Täter. Ein Armutszeugnis. Weitere Täter wurden später verurteilt, weil sie zum einen den Sprengkörper im Internet bestellt hatten, zum anderen den Täter nicht gestoppt hatten und die Polizei später nicht darüber informierten. „Böllerwerfer" war die Bezeichnung, aber eigentlich war das ein Irrer. So viel Genauigkeit muss sein.

Dass das erste Derby auch abseits des Sprengstoff-Anschlags unangenehm war, weil ständig kleinere Böller flogen und Rauch gezündet wurde, gehört zur Wahrheit.

Schon am Tag nach dem Spiel reagierte der SCP. Bis auf Weiteres würden im Heimblock keinerlei Fahnen oder Doppelhalter

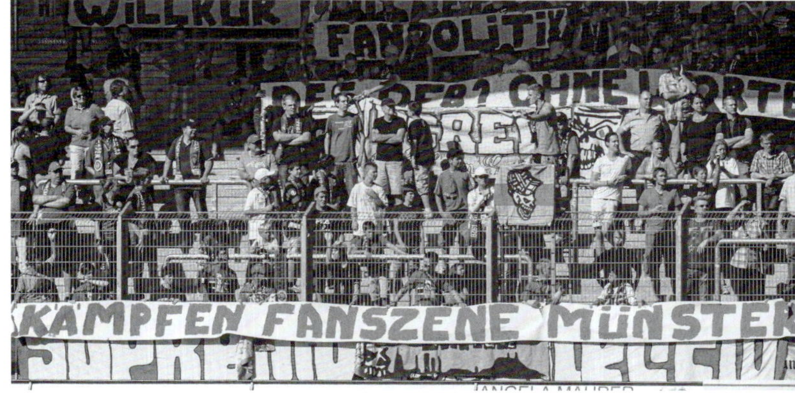

Solidaritätsadresse der Wiesbadener Fans in Richtung der ausgesperrten Preußenfans im Oktober 2011.

zugelassen sein. Und für das (anschließend in den November verlegte) Derby gegen Arminia Bielefeld wurden nur noch 15.050 Zuschauer zugelassen. Der Klub rief damals alle Fans auf, sich von den Gewalttätern zu distanzieren und sie „aus der Anonymität zu ziehen". Der DFB verdonnerte den SCP Ende September zu einer Strafe von 25.000 Euro und sprach eine Sperre für zwei Auswärtsspiele aus – in Wiesbaden und Erfurt. Die Gästeblöcke mussten frei bleiben, wenngleich sich der eine oder andere Fan doch ins Stadion mogelte.

Nicht euer Spielball

Alles in allem war das einer der Tiefpunkte in der Fanszene der Adler. Nicht nur wegen des Anschlags selbst, sondern auch wegen der fehlenden und öffentlich sichtbaren und spürbaren Reflektion und Reaktion. Stattdessen zeigte die Kurve im Derby eine Choreo mit dem Thema: *Weder Papst, USC noch Sicherheitswahn verhindern den ersten Derbysieg seit 17 Jahren.*

Hintergrund: Wegen des Papstbesuches in Deutschland wurde das Risikospiel gegen Bielefeld aus dem September in den November verlegt und musste dann abermals verschoben werden, weil der Volleyball-Bundesligist USC Münster nebenan den Meistercup ausspielte. Dass dieses erste Derby am Ende eher leblos war, lag sicher an der etwas mauen Stimmung, aber auch daran, dass der SC Preußen in dieser Saisonphase bereits ernüchternd viele Unentschieden hinnehmen musste. Es ging nicht richtig voran und es fühlte sich alles seltsam an. In 16 Spielen hatte der SCP nur drei Mal verloren, fünf Siege und acht Unentschieden geholt. Zwar hielt sich der SCP fast durchgängig in der ersten Tabellenhälfte, aber es war zu spüren, dass der eigene Anspruch schon wieder schneller gewachsen war, als das Team liefern konnte. Trotzdem: Da war keine Abstiegsgefahr, der Blick der Preußen ging eher nach oben. Als die Preußen am Bieberer Berg mit 0:3 verloren, lag der SCP in der Tabelle auf Platz zehn, hatte aber nur drei Punkte Rückstand auf den Relegationsplatz. Nach unten waren es zehn Punkte.

Dann kam Chemnitz. Die Mannschaft hatte das Spiel im Griff, führte dank zweier Treffer von Stefan Kühne mit 2:0. Da war eine Stunde gespielt. Am Ende glich Chemnitz in der 93. Minute aus. Konsterniert nahm das Publikum den späten Gegentreffer zur Kenntnis und im Spielertunnel war Aufsichtsratschef Thomas Bäumer auf 180. Er schimpfte vernehmlich über einen „Kindergarten" und „dilettantische Auswechselungen" des Trainers, was am nächsten Tag auch brühwarm in der Tagespresse nachzulesen war. Es war der Moment, in dem die Entfremdung auf verschiedenen Ebenen begann. Zweifel am Aufstiegstrainer Marc Fascher wurden erstmals öffentlich hörbar, die Fans mit ihrem ausgeprägten Sinn für solche Tendenzen erinnerten sich an den Dauerstreit mit Bäumer während der Jahre in der Viertklassigkeit. Eine ganz blöde Mischung kam da zusammen. Der Nährboden war längst vorhanden. Im Herbst sollte der SCP mit Marc Fascher über einen neuen Vertrag sprechen. Das stockte aber, warum auch immer. Fascher lieferte sich einen Streit mit Stürmer Sercan Güvenisik, der sauer war über seine späte Einwechslung im Spiel gegen Chemnitz. In der Kabine schepperte es wohl, was dem Trainer nicht gefiel. *Güve* wurde freigestellt, sollte erst zum Trainingsauftakt nach der Winterpause wieder zum Kader stoßen. Das war eine Baustelle, die niemand brauchte. Und Güvenisik machte auch keinerlei Hehl aus seinem Ärger, wie man von nun an in einigen Interviews lesen durfte.

Zwischen Klubführung und Trainer herrschte Funkstille, nichts tat sich. Fascher hätte wohl bleiben wollen, aber da kam kein Zeichen. Das Zeichen setzte Fascher Mitte Januar selbst. „Ich stehe als Trainer in der nächsten Saison bei Preußen Münster nicht zur Verfügung", teilte er mit. Das quittierte der Präsident in den Westfälischen Nachrichten mit der lapidaren Aussage „Marc Fascher wusste, dass wir mit der sportlichen Entwicklung der Mannschaft nicht zufrieden sind." Man habe das Ruder sportlich herumreißen wollen, dann wäre man wieder in Vertragsgespräche eingestiegen. Dazu kam es nicht mehr. Dabei hatten die Preußen Tage zuvor noch nachverpflichtet, Dennis Grote und Fabian Hergesell beispielsweise. Und kaum war das erledigt, ging Fascher von Bord. Was für ein Timing. Es passte auch ins Bild, dass Fascher den Abschied nicht formal und öffentlich selbst mitteilte, sondern Thomas Austermann im damaligen Portal echo-muenster exklusiv verriet.

Bizarr war auch dies: An exakt diesem Tag, an dem Fascher seinen Abschied mitteilte, saß ich mit dem Klubpräsidenten Marco de Angelis und Sportvorstand Carsten Gockel in einem Extraforum für westline.de zusammen – und beide antworteten auf Fanfragen nach dem Trainer, dass man in Kürze die Gespräche wieder aufnehmen würde.

Unter diesen seltsamen Umständen startete der SC Preußen im Januar wieder in die Liga. Es ging ab nach Oberhausen. Ein wolkenverhangener, regnerischer Tag am Niederrhein, das passte einfach zur Stimmung im Klub. Und der ganze Frust war wieder da. In der Gästekurve hing ein gewaltiges Zaunbanner. VETTERNWIRTSCHAFT BEENDEN, VORSTAND, BÄUMER, PFEIFFER RAUS. NEUANFANG JETZT! ES IST UNSER VEREIN, NICHT EUER SPIELBALL. Starke Worte, die die ganze Zerrüttung zeigten. In der Fanszene herrschte das Gefühl: Die spielen ein falsches Spiel mit dem Aufstiegshelden. Und so waren dann auch die Banner zu verstehen. Das Spiel in Oberhausen endete 2:2, aber über das Ergebnis sprach am Ende niemand mehr. Alles drehte sich um zwei „Skandale". In der Halbzeitpause kamen Klubverantwortliche des SCP von der Gegengerade durch den Innenraum Richtung Haupttribüne. Während einige den Weg auf der entfernten Seite nahmen, liefen

Sportvorstand Carsten Gockel und Aufsichtsrat Thomas Bäumer direkt vor der Preußenkurve her. Es regnete Bierbecher, es gab wütende Beschimpfungen, das war nicht schön. Die einen sahen sich überrascht von der Wut, die anderen empfanden allein den Gang vor dem eigenen Block als Provokation. Hier ging es längst nicht mehr um sachliche Argumente, nur noch um Frust und Enttäuschung.

Irgendwie musste Marc Fascher schon geahnt haben, dass seine Zeit in Münster abgelaufen war. Oder aber er wollte seinen Abschied forcieren. Wie auch immer: Nach dem Spiel kam er noch einmal in die Preußen-Kurve, ließ sich vor dem Block feiern und trug dazu ein T-Shirt *Der Fischkopp sagt danke!* Das war ein Abschied, natürlich. Die Szene sorgte in der Klubführung für heftigen Ärger. Aber nicht minder verärgert waren ja die Fans, die aus der Klubführung eigentlich gern mal ein paar klare Worte darüber gehört hätten, warum die Vertragsgespräche schon im Herbst nicht vorankamen. Im Januar schrieb das Fanprojekt eine Mitteilung und formulierte darin unter anderem: „Warum professionalisiert der Vorstand nicht endlich seine Presse- und Öffentlichkeitsarbeit? Warum reagiert man nicht oder nicht schneller auf Krisensituationen wie die derzeitige?“ Eine rhetorische Frage, denn Krisenkommunikation beim SCP hat oft etwas von „hit and miss“. Viel häufiger allerdings „miss“. Gleichzeitig bat das Fanprojekt um eine Versachlichung der Kritik. Ein Wunsch, der die Halbwertzeit einer Salamischeibe hat, die vor der Schnauze eines ausgehungerten Pitbulls liegt.

Der Klub, der ein Fantreffen für Ende Januar angesetzt hatte, reagierte ebenso verlässlich. Er sagte das Treffen kurzerhand ab. Nach der aufgeheizten Stimmung in Oberhausen allerdings nicht die schlechteste Idee.

Es dauerte nur noch ein paar Tage, bis die Fascher-Zeit in Münster beendet war. Am 24. Januar teilte der Klub mit, dass das Trainerteam freigestellt sei. Am gleichen Tag bat der SCP zu einer Pressekonferenz, um die Gründe darzulegen und zugleich den neuen Trainer vorzustellen. Untätig war man da offenbar nicht …

Wenig überraschend brachte die Pressekonferenz kaum Erhellendes. Nein, man sei mit dem Fußball von Fascher nicht ganz einverstanden gewesen. Und habe Sorge gehabt, dass die Mannschaft doch noch in einen Abwärtstrend geraten könne. Viel mehr war dazu nicht zu sagen, es war am Ende eines mit Schrecken. Und machte den Weg frei für Pavel Dotchev. Den hatte der SCP flugs aus dem Ärmel gezaubert und, ganz ehrlich, mit Dotchev begann vermutlich die attraktivste Zeit der Preußen in der Dritten Liga.

Die Preußen beendeten die Premierensaison auf Platz zwölf. Zwischendurch rangierte der SCP mal im Bereich der Abstiegszone – allerdings unter Dotchev, nicht unter Fascher.

Glühendes Preußenstadion

Zur Saison 2012/2013 bekam die Mannschaft ein teilweise neues Gesicht. Aus Portugal angelte sich der Klub den jungen Amaury Bischoff, der einst unter Arsene Wenger beim FC Arsenal sogar einen Einsatz in der Premier League hatte. Matthew Taylor kam vom SC Paderborn, Dimitrij Nazarov aus Eintracht Frankfurts U23. Viel Offensivpower für ein starkes Team. Schon der Auftakt verlief verheißungsvoll. 2:0 in Burghausen, 1:0 gegen Chemnitz, dann eine Niederlage in Darmstadt, aber ein starkes 5:2 gegen Hansa Rostock. Über das Spiel kann man auch zwei Worte verlieren. Der Zweitliga-Absteiger aus Rostock schaute erstmals im Preußenstadion vorbei. Über 10.000 Zuschauer wollten das Spiel sehen, darunter sicher auch 1.500 Fans des F.C. Hansa. Der WDR machte sich wenig Freunde, weil er in offenbar „freudiger" Erwartung grölender und randalierender Rostock-Fans ein Kamerateam zur Extra-Beobachtung geschickt hatte, das in der Lokalzeit Zwischenmeldungen brachte. Dass es gar kein Theater bei den Gästen gab, passte nicht ganz zur Regie des Tages. Es ist eine Unsitte, solche Krawallgeschichten erst verbreiten zu wollen, um sie dann wortreich zu verurteilen. Aber geschenkt. Sportlich lief erst alles gegen den SCP. Rostock ging früh mit 2:0 in Führung, Rostocks Kurve jubelte, aber noch vor der Pause glich der SCP aus und drehte in der zweiten Halbzeit furios auf. Das war ein grandioser Sieg, ein Spektakel im Preußenstadion – und wahrlich nicht das einzige in dieser Saison.

Schon wenige Tage danach glühte das Preußenstadion. Ich meine das wörtlich. Draußen waren es gefühlte 40 Grad, ein brutal heißer Sommertag Mitte August. Erste Runde im DFB-Pokal, der SV Werder Bremen war zu Gast. Für mich ein betrüblicher Termin, denn ich hatte Tickets für Toto (ja, die mit *Africa* und *Hold the Line*). Aber das Konzert war in Köln und wenn der eigene Klub ruft, hat das Priorität. Münster gegen Bremen also. Über das Spiel erzählt man sich noch heute in Münster Legenden. Aber solche aus der Realität. Rund 18.000 Zuschauer machten die alte Hütte voll. Und Münster hielt gut mit, kassierte aber mit dem Pausenpfiff das Gegentor zum 0:1. Kaum war die Pause um, begann die Taylor-Show. Nach 54 Minuten traf er zum 1:1 und drehte die Betriebstemperatur wieder hoch. Den erneuten Rückstand nach 67 Minuten nahm der SCP zur Kenntnis, aber Taylor erzielte erneut den Ausgleich und brachte den SCP damit in die Verlängerung. Und in der war kein Halten mehr. An der Seite sah Bremens Trainer Thomas Schaaf, wie erst Nazarov mit einem ganz feinen Schlenzer das 3:2 erzielte und anschließend Taylor nach 118 Minuten mit dem 4:2 den

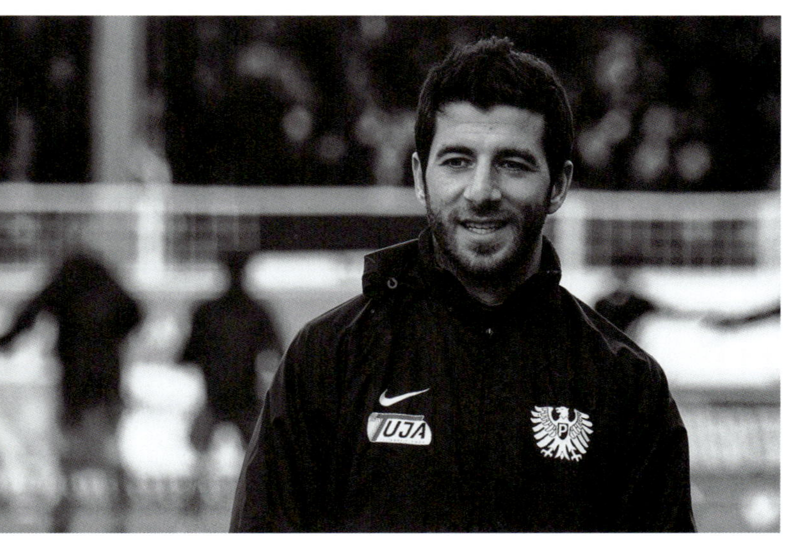

Mehmet Kara vor seinem ersten Einsatz im Heimspiel gegen Wehen Wiesbaden.

Deckel draufmachte. Unten Jubeltrauben, oben auf den Rängen schwappte das Bier überall, nur nicht in den Bechern. Was für ein Abend im Stadion!

Den Schwung behielt der SCP in der Liga. Ende September gewann der SCP gegen den BVB II und schob sich erstmals auf den Tabellenplatz eins. Spitzenreiter SCP! Osnabrück auf dem zweiten, Bielefeld auf Nummer vier. Das Städtedreieck in voller Pracht, Münster vorn.

Erst Ende Oktober räumte der SCP nach einem 1:2 in Karlsruhe den Spitzenplatz, blieb aber zur Winterpause ganz oben dabei. Das war bemerkenswert, im Winter war Matthew Taylor ausgefallen, dafür sprang Marco Königs in die Bresche. Mit drei Toren gegen Darmstadt sorgte er für einen fulminanten Jahresausgang. Punktgleich mit Platz zwei ging es in die Pause. In dieser Pause passierte etwas, worüber viele Fans bis heute sagen, dass es den Aufstieg ruinierte. Gerüchte hatten sich gehalten, Ende Januar wurden sie wahr: Die Preußen holten den alten Aufstiegshelden Mehmet Kara aus der Türkei von Gençlerbirliği Ankara zurück. Liebling der Fans. Und zum Zeitpunkt seiner Rückkehr fand das allenthalben Anklang. Es war eher ein Zeichen des Klubs, den Aufstieg jetzt auch zu schaffen. Noch eine Verstärkung. Oder? Das Problem, wie man heute weiß oder zumindest ahnt, war: Karas Rolle in der Liga nannten die Westfälischen Nachrichten ein „Premium-Segment“ und alle waren voll des Lobes. Ob das in der erfolgreichen Mannschaft auch so ankam? Natürlich spielte Kara finanziell in einem „spannenden“ Segment, für dreieurofuffzig dürfte er nicht aufgelaufen sein.

Tränenende der Partysaison

Seine Vorschusslorbeeren verdiente sich Kara mit starken Auftritten. Gegen Halle besorgte er beim 2:0 beide Tore, für mehr Furore sorgte er beim Derby gegen Osnabrück. März 2013, Heimspiel gegen den VfL. 12., 17., 25. Binnen 13 Minuten schoss Kara die Lila-Weißen ganz allein ab. Das Gegentor von Simon Zoller? Geschenkt. (Kleiner Einschub: Beim VfL spielten die späteren Preußen Gaetano Manno, Adriano Grimaldi und Marcus Piossek.)

Zwei weitere Tore ließ Kara folgen, aber dann ging ihm das Pulver aus. Den Preußen noch nicht. Am 34. Spieltag stellte sich der Karlsruher SC zum absoluten Spitzenspiel vor. Der Tabellenführer beim Dritten. Die Adler gewannen die Partie vor über 14.000 Zuschauern mit 2:1, Matthew Taylor traf doppelt.

Die Preußen sprangen wieder auf einen direkten Aufstiegsplatz. Vor dem Stadion prangte schon ein großes Werbebanner eines Elektronikmarktes: RECHTS GEHT ES IN DIE 2. LIGA, LINKS ZU SONDERPREISEN oder so ähnlich. Ja, in Münster traute man sich, über den Aufstieg zu sprechen. Jetzt musste es doch endlich klappen! Das 1:1 beim Kellerkind in Erfurt war eine Panne, brachte den Preußen Platz drei ein, Bielefeld rutschte vorbei.

Richtig bitter war das folgende Heimspiel. Der Abstiegskandidat Stuttgarter Kickers blamierte den SCP im Preußenstadion bis auf die Knochen. Zwar waren die Kickers gefühlt nur zweimal am Ball, aber der SCP bekam einfach auch keinen Raum. Gegen Stuttgarts Betonabwehr war kein Durchkommen. Und nach 80 Minuten traf Fabian Baumgärtel für die Gäste zum Sieg. Münster war zuvor 18 Heimspiele in Folge ungeschlagen, und ausgerechnet in dieser heißen Phase dieser Rückschlag. Mehmet Kara erwischte keinen guten Tag und schnell wurde aus den besten Aufstiegsaussichten nur noch eine Hoffnung. Ein Punkt aus zwei Spielen?

Der Aufstiegsplatz war nun vier Punkte weg, der Relegationsplatz lockte noch. Auftritt Unterhaching. Hunderte Fans glaubten an den Aufstieg, hunderte fuhren mit in den Sportpark vor den Toren der großen Stadt. Vor dem Spiel war der Biergarten überlaufen von Preußen, später der Ort von betrunkenen und zugleich ernüchterten Fans aus Münster. Denn was immer der SC Preußen da in Unterhaching fabriziert hat: Es war ein Desaster. Die Unterhachinger hatten sich schon Wochen zuvor von leisen Aufstiegshoffnungen getrennt, für die Gastgeber ging es nur noch um ein nettes Saisonende. Nett gegen Aufstiegskampf. Das genügte. Münsters Leistung war mit demütigend höflich umschrieben, am Ende verlor die Mannschaft mit 0:3. Auf den Rängen sahen es die Fans fassungslos und hilflos mit an. Es war mein letzter Besuch in Unterhaching. Der Sportpark sieht mich nie wieder, das ist ein verfluchter Ort.

Platz fünf bedeutete das Ende der direkten Aufstiegshoffnungen, aber selbst der Relegationsplatz war nun zwei Punkte weg. Es passte zur Stimmung im Klub, dass der SCP kurz nach dem Spiel in Unterhaching auch noch das entscheidende Westfalenpokalspiel in Wiedenbrück mit 1:2 verlor. Der DFB-Pokal war futsch, jener Wettbewerb, der noch Monate zuvor Bremen und Augsburg nach Münster geführt hatte.

Am letzten Spieltag gewann der SCP mit 4:1 gegen Babelsberg, aber drei Dinge passierten nun: Der Tabellendritte spielte gegen das Kellerkind aus Offenbach zuhause nur 0:0 und stürzte auf Platz fünf ab. Osnabrück schob sich mit einem 4:0 gegen Absteiger Aachen auf Platz drei und Münster rutschte unerwartet auf Platz vier. Damit sicherte sich das Team den Trostpreis DFB-Pokal. Und schaffte den seltenen „Erfolg", mit 72 Punkten nicht aufsteigen zu können. Die 72-Punkte-Saison. Der Fluch der Preußen. Zum Vergleich? Würzburg stieg 2020 mit 64 Punkten auf.

Zum Trainingsauftakt der Saison 2013/2014 formulierte der Sportvorstand: Es müsse das Ziel sein, sich zu steigern. Das würde rein rechnerisch Platz drei bedeuten und damit war die Frage nach den Aufstiegsambitionen auch geklärt. Das späte Scheitern 2013 setzte die Hürde höher, die Ansprüche und Erwartungen auch. Folgendes passierte: Münster stotterte durch die Liga. Dabei war der Auftakt wie schon im Vorjahr okay. Gegen Burghausen gewann der SCP direkt zum Start klar mit 3:0, beim totalen Überfavoriten RB Leipzig holte der SCP ein 2:2, rettete spät einen Punkt gegen Erfurt, und dann ging es langsam bergab. Nach endlosen Unentschieden verloren die Adler zuhause gegen Kiel mit 0:3 und gegen den VfB Stuttgart II mit 1:3 – hier

Die Saison hinterließ Spuren. Alle wollten Antworten, suchten nach Erklärungen. Es gab aber keine. Hartnäckig hielt sich das Gerücht, die Nachverpflichtung von Mehmet Kara habe das Gefüge zerstört, habe für Animositäten gesorgt. Ob das wirklich stimmt oder, falls ja, welchen Einfluss das letztlich hatte? Niemand kann das sagen. Sicher ist: Mit Kara hatte der SCP sich diese Ausgangsposition überhaupt erst erarbeitet, oder? Antworten wird es darauf nie geben. Es war die Party-Saison, die in Tränen endete. Eine Saison, welche die Maßstäbe für die folgenden Jahre durcheinanderbrachte.

war für Pavel Dotchev Schluss. Am Morgen nach dem Spiel wurde er entlassen, was beim Trainer durchaus für Wunden sorgte. Dotchev fühlte sich in Münster ein bisschen um seinen möglichen Erfolg „betrogen". Sein Auftrag war noch nicht erfüllt, er glaubte, den Dreh zu bekommen. Gut möglich, dass Dotchev auch ein gebranntes Kind war, man hatte ihn beim SC Paderborn Jahre zuvor in viel aussichtsreicherer Position freigestellt. Den Aufstieg durfte er nicht mehr mitfeiern. So etwas bleibt sicher hängen.

Wie tief die Enttäuschung saß, zeigte sich, als Dotchev zwei Jahre darauf mit Erzgebirge Aue in Münster gewann und den Sieg mit ein paar spitzen Bemerkungen in Richtung des Preußentrainers Ralf Loose garnierte. Als der 2013 von Dotchev übernahm, hatte Loose den Fitness-Zustand des Teams kritisiert und damit natürlich auch seinen Vorgänger kritisiert. Das merkte sich Dotchev. Der Ex-Trainer fand am Saisonende seinen Seelenfrieden durch den Aufstieg mit Aue. Das ist ein anderes Thema.

Im Spätsommer 2013 jedenfalls übernahm erst Carsten Gockel interimsweise (und verlor gegen Unterhaching mit 2:3), danach kam Ralf Loose. Dessen Bilanz war nach Tabellenplätzen okay, nach Spielleistung jedoch nicht berauschend. Für Aufregung sorgte der SCP in der Liga und dieser Spielzeit sicher nicht.

Derby mit Nachwirkungen

Ein paar Geschichten bleiben dennoch in Erinnerung. Das Derby in Osnabrück Anfang Oktober 2013 beispielsweise. Die Partie endete vor knapp 16.000 Fans mit einem 1:1 und begann mit einer Viertelstunde Verspätung, weil zur Anstoßzeit von 18.30 Uhr viele Preußenfans noch gar nicht im Stadion waren. Das lag auch an der katastrophalen Einlass-Situation vor dem Gästeblock. Eng war es, manche empfanden die Enge und das Gedränge als dramatisch. Preußens Sicherheitsbeauftragter Roland Böckmann kritisierte später diese Situation deutlich, aber der VfL wollte davon natürlich nichts wissen. Das Rückspiel in Münster hatte es auch in sich. In den Tagen und Wochen vor dem Spiel hatte die Polizei auf ein vollständiges Choreo- und Fahnenverbot gedrängt und das auch umgesetzt. Anlass waren die zahlreichen Vorfälle in den Derbys zuvor. Weil solche Kollektiv-Verbote in aller Regel nicht akzeptiert werden, konnte man sich das Ergebnis ausmalen. Natürlich brannte und rauchte es auf beiden Seiten ordentlich. Aber noch eine andere Szene bekamen die Fans zu sehen. Loose wechselte nach einer guten Stunde Amaury Bischoff ein. Der blieb aber nur für eine knappe Viertelstunde auf dem Feld, ehe er nach einem groben Foulspiel an Tom Christian Merkens glatt Rot sah. Fünf Spiele Sperre gab es vom DFB-Sportgericht, außerdem war das Foul die Grundlage für eine weitere Derby-Geschichte im folgenden Jahr.

Ralf Loose führte die Mannschaft am Ende auf Platz sechs der Tabelle. Dabei half ein 1:0-Sieg beim MSV Duisburg, der mit Begleiterscheinungen versehen war. Fans des SCP hatten im Oberrang der MSV-Arena Pyro gezündet und Funken und feurige Tropfen waren auf den Rang darunter gefallen, wo ebenfalls Preußenfans saßen. Niemand wurde schwer verletzt, aber das war ein Riesenbock der Zündler, der vom DFB später mit 5.000 Euro Strafe geahndet wurde. Die Verantwortlichen suchten später die betroffenen Familien auf und baten um Entschuldigung. Immerhin ein Zeichen der Selbstreflektion. Unten auf dem Platz krönte Amaury Bischoff eine schwierige Saison mit der dritten (!) Roten Karte der Saison für ihn. Irgendwie passte das alles ins Bild dieser insgesamt völlig verkorksten Saison, die durch Platz sechs nur optisch verkleistert wurde. Kritik an den wechselhaften Leistungen der Mannschaft entgegnete der Klubs damals mit teilweise wunderlichen Aussagen. Man müsse doch sehen, wo man herkomme. Demütig sein. Erst einmal in der Liga ankommen. Also ernsthaft: Mit der Sprachregelung musste man nach Dotchevs 72-Punkte-Saison sicher niemandem mehr kommen. Das kommt halt dabei heraus, wenn man den Mund zu voll nimmt und am Ende die ganz kleinen Brötchen backen muss.

Einschub: Das Dammeier-Debakel und die Sportchefs

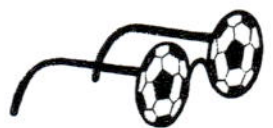

Noch etwas passierte in der Saison 2013/2014. Über viele Jahre hatte der SC Preußen Münster über die Einführung eines Sportchefs oder Sportlichen Leiters oder wie auch immer man diese Funktion nennen sollte, diskutiert. Einige Male stand der Klub kurz davor. Hans-Werner Moors war zu Regionalliga-Zeiten mehrfach dafür vorgesehen, aber irgendwie passte es nie. Jetzt, im Frühjahr 2014, war die Zeit gekommen. Im Februar 2014 stellte der SCP Detlev Dammeier vor. Der neue Posten war logisch und überfällig. In den Jahren zuvor hatte Sportvorstand Carsten Gockel die Geschäftsstelle des SCP betreut, war Aushängeschild des Klubs auf öffentlichen Veranstaltungen aller Art und musste sich zugleich um alle sportlichen Fragen kümmern. Das war eine Belastung, die der Klub oft diskutiert hatte und die schon lange aufgelöst werden sollte. Dennoch wirkte es wie ein Zaubertrick, als die Preußen Dammeier aus dem Hut zogen.

Dammeier war zuvor bereits Dauergast in Münster gewesen, weil er als Scout von RB Leipzig häufig Drittligaspiele, oft im Preußenstadion, besuchte. Ob der SCP deshalb auf ihn gekommen war? Fakt ist: Dammeiers Erfahrung in diesem neuen Aufgabenbereich waren überschaubar. In Bielefeld war er zwischen 2008 und Anfang 2010 Geschäftsführer Sport gewesen und wurde vorzeitig entlassen. Das musste nicht viel heißen, aber es lag auf der Hand, dass Dammeier für sich etwas Kontur schaffen musste. Er wählte dazu die BILD. Nur wenige Wochen waren vergangen, seit der SCP den 45 Jahre alten Ex-Profi (Arminia, HSV, Wolfsburg, Hannover 96) vorgestellt hatte, da durften Trainer, Mannschaft und Klub sein „Einstands-Interview“ lesen. Ausgerechnet vor dem wichtigen Spiel gegen den Chemnitzer FC, in welchem der SCP einen großen Schritt Richtung Klassenerhalt machen sollte. Inhalt des Interviews in Kürze: Trainergespräche hätten keine Priorität. Der Chef sei er, die Entscheidungen treffe er allein, das Gesicht der Mannschaft werde sich verändern. Dinge dieser Art eben. Kaum war das Interview auf dem Markt, schlugen alle die Hände über dem Kopf zusammen.

Das Echo aus dem Umfeld der Mannschaft fiel erwartbar und ebenso öffentlich aus. Das Spiel gewann der SCP mit 3:1, am Tag danach nannte Trainer Ralf Loose das Interview in der Tagespresse „respektlos" und beschwerte sich beim Präsidenten. Die Mannschaft hängte die Zeitungsseite in der Kabine auf – mit geschwärztem Gesicht Dammeiers. In den Westfälischen Nachrichten kamen die Spieler zu Wort. Kapitän Jens Truckenbrod sagte: „Dieses Interview hat hier viel kaputt gemacht. Diese Art der Kommunikation ist sicher nicht der richtige Weg." Stefan Kühne kündigte an, den Klub zum Saisonende verlassen zu wollen, Torwart Daniel Masuch stellte die These auf: „Nach diesem Interview weiß doch keiner mehr, ob er hier gewollt ist." Kurzum: Überall brannte der Baum, aber lichterloh.

Binnen weniger Tage war Dammeier im Abseits. Was hinter den Kulissen geschah, wissen nur die Beteiligten. Sichtbar war, dass Trainer (und Mannschaft) und Sportchef auf Distanz gingen. Ralf Loose war vielleicht vor Dammeiers Einstellung nicht der Schwächste an Bord, aber nach Dammeiers Interview wurde seine Position stärker. Das alles fiel in die Diskussion darüber, ob sein Vertrag in Münster verlängert werden würde. Nicht jedes Spiel unter Loose hätte das hergegeben, aber in dieser Situation

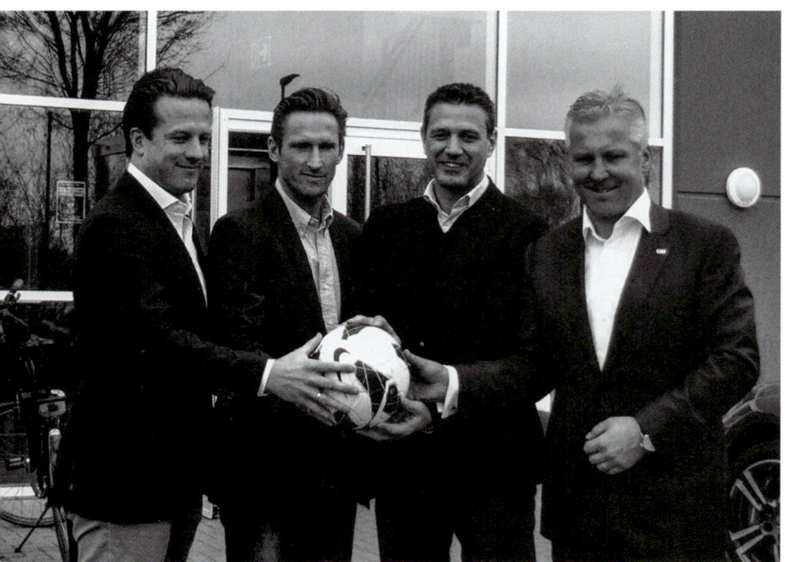

Fröhlich vereint. Sportvorstand Carsten Gockel, Detlev Dammeier, Präsident Dr. Marco de Angelis und Aufsichtsratschef Thomas Bäumer (v.l.).

saß Loose plötzlich am längeren Hebel. Öffentlich beklagte er einen erheblichen Vertrauensverlust. „Ich glaube nicht, dass die Kiste noch zu kitten ist, da ist zuviel Erde verbrannt. Wenn verdiente Spieler so erfahren, dass sie nicht mehr gebraucht werden, dass der Trainer nicht wichtig ist – und dass man überhaupt alles besser selber könnte, dann ist das bedenklich."

Irgendwie war klar, wie das enden würde. Nach 42 Tagen Amtszeit stellte der SC Preußen Münster den noch frischen Sportchef kalt. Der verfügte über einen Zwei-Jahres-Vertrag. Wieder einmal zahlte der Klub auf lange Sicht für ein kurzes Vergnügen, das war in den vergangenen Jahren auch so eine traurige Tradition. Das Ende von Dammeier stieß bei den Preußenfans auf die ohnehin angespannte Beziehung zum Klub. Im Heimspiel gegen Darmstadt waren im Stadion eindeutige Botschaften zu lesen. GUTE SPIELER VERGRAULEN, SPORTCHEF NACH 42 TAGEN ENTLASSEN. WAS IST LOS MIT EUCH HEGELS? lautete eine der freundlicheren Fragen. PREUSSEN MÜNSTER IST KEIN ZIRKUSZELT oder WIR SCHADEN DEM VEREIN? DAS SCHAFFT IHR GANZ ALLEIN hieß es an anderer Stelle. Da waren sie wieder, die alten Themen und Probleme.

Weiter ohne Sportchef?

Nach der Negativ-Erfahrung reagierte der SC Preußen mit … nichts. Nein, es wurde kein neuer Sportchef gesucht oder gar verpflichtet. Dammeier wurde bezahlt, das Geld war weg, was für ein Fiasko. Im Grunde könnte man das auch einem gewissen Wankelmut der Klubführung in die Schuhe schieben. Klar, das Interview von Dammeier war maximal unschlau, kam zu einem komplett unsinnigen Zeitpunkt. Aber dass der neue Sportchef mal ein bisschen die Krallen wetzen wollte, hätte man auch als unglückliches Vorgehen abhaken können. War nicht Dammeier im Grunde für genau das geholt worden, was er im Interview formuliert hatte? Das wollte der SCP doch! Jemanden, der im Sport die Verantwortung trägt und die auch annimmt. Einen, der den Kurs für die kommenden Jahre bestimmen sollte. War es so desaströs, dass eine Mannschaft, die ohnehin hätte verändert werden sollen, sich einmal vor den Kopf gestoßen fühlte? (Wenngleich auch zu Recht.) Für Ralf Loose nahm das alles kein besseres Ende. Er wurde Ende 2015 entlassen und Carsten Gockel bekam die ganze Arbeit wieder alleine aufgeschultert. Alles so wie immer.

Neuer Versuch

Es dauerte bis 2017, ehe der SC Preußen Münster einen neuen Anlauf nahm. Da war das alte Präsidium bereits ausgetauscht. Unter Präsident Christoph Strässer und Aufsichtsratschef Frank Westermann installierte der SCP am 1. April (ja, kein Scherz) Malte Metzelder als neuen Sportchef. Gerüchte über diese Personalie hatten sich schon im Winter 2017 gehalten, aber wegen seiner Vertragssituation in Ingolstadt konnte er erst ab April in Münster einsteigen.

Der 34-Jährige hatte seine Profikarriere wie sein Bruder Christoph einst beim SC Preußen begonnen. Aus dem Nachwuchs des SCP rückte er 2001 in den Kader der ersten Mannschaft (Christoph Metzelder hatte gerade den Sprung zum BVB gewagt). Zwei Jahre lang spielte er für die Preußen in der Regionalliga Nord, machte dort 52 Spiele, ehe er später über Aalen in Ingolstadt ankam, wo er nach sieben Jahren und 114 Spielen auch seine Karriere beendete. „Malte Metzelder ist nach Überzeugung von Präsidium und Aufsichtsrat in der gegenwärtigen Aufbruchsstimmung der richtige Mann, um die ambitionierten Ziele unserer Preußen umzusetzen“, teilte der Klub im Frühjahr 2017 mit. Das Problem: Ehe Metzelder in der Lage gewesen wäre, die ambitionierten Ziele umzusetzen, fand sich der Klub in der Ausgliederung wieder und entdeckte jeden Tag neue Verbindlichkeiten.

Anfang 2020 musste der SCP auf der Mitgliederversammlung eingestehen, dass man die Sparschraube wohl etwas überdreht habe und Metzelder in der Rückschau nicht die Mittel zur Verfügung stellen konnte, die er eigentlich benötigt hätte. Dabei hatte Metzelder einiges angestoßen. Als Freund kleiner, schlagkräftiger Teams baute er die Geschäftsstelle um – nicht immer sehr zur Freude der Mitarbeiter*Innen. Im Bereich der Nachwuchs-

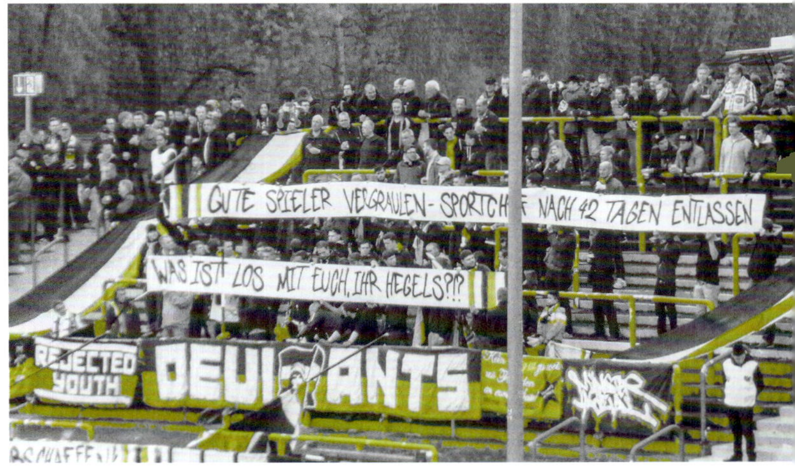

Klartext aus der Kurve in Richtung der Klubführung.

abteilung installierte er einen hauptamtlichen Chefscout (Kieran Schulze-Marmeling, einst auch Torwart beim SCP). Strukturen schaffen, professionalisieren. Das hatte Metzelder in Ingolstadt alles selbst miterlebt. Der Unterschied: Ingolstadt war im Grunde kein gewachsener Klub, sondern ein Zusammenschluss aus zwei Fußballabteilungen, der erst 2004 aus der Taufe gehoben wurde. Gerade in den Anfangstagen existierte keine aktive Fanszene, der FCI war mehr Unternehmen als Verein. Nicht nur im übertragenen Sinn, sondern auch ganz praktisch: Schon 2007 wurde die Lizenzspielerabteilung in eine GmbH ausgegliedert. Wenn man Malte Metzelder etwas nachsagen kann, dann sicher, dass ihm in Ingolstadt Fachwissen, aber wenig Empathie für Fanthemen mitgegeben wurde. Was in Ingolstadt geräuschlos ging, sorgte in Münster für Palaver. Und Metzelder tat sich schwer, eine Beziehung zu Fanthemen oder Münsters „Fanseele" aufzubauen. Über Carsten Gockel wurde viel geschimpft, aber Gockel war präsent bei den Fans. Das war (zumindest am Ende) keine Liebesbeziehung. Aber er war immer ansprechbar. Metzelder war eher der Typ für den Trainingsplatz und für die planerische Feinarbeit im Büro. Natürlich lag das auch an seinem Jobzuschnitt, der sich im Gegensatz zu Tausendsassa Gockel auf den Sport und manche administrative Tätigkeit fokussierte. Mehr Machen als Reden. Das kam Metzelder auch durchaus entgegen. Während Bruder Christoph früh gelernt hatte, öffentlich eine Rolle zu übernehmen, suchte Malte Metzelder nie von sich aus die Öffentlichkeit. Ruhig und sachlich, aber ein bisschen zurückgezogen: So wirkte der neue Sportchef.

Wieder ein Abschied

Metzelders Zeit endete lange vor der Vollendung irgendeines Zieles. Mit dem Abstieg des SC Preußen in die Regionalliga vollzog Metzelder seinen eigenen Abschied. Der Entschluss, aufzuhören, war offenbar schon in den Wochen zuvor gewachsen. Es war ziemlich deutlich, dass die sportliche und wirtschaftliche Reise ab Sommer 2020 in eine andere Richtung gehen würde. Welche Konsequenzen das haben wird, kann im Sommer 2020 niemand sagen. Metzelder hatte viel Arbeit in die Vorbereitung eines Nachwuchsleistungszentrums gesteckt. Ein Bereich, der beim SCP zunehmend Gewicht bekommen sollte, natürlich auch aus wirtschaftlichen Gründen. Jetzt war der „Kümmerer“ weg und die drängenden Aufgaben zumindest bis zum Herbst an anderer Stelle gebunden. Metzelder unvollendet. Ich hatte in diesem Buch schon an einigen Stellen erwähnt, dass eine gewisse „Unvollendung“, also etwas Unfertiges, oft ein Begleiter des Klubs war. Vieles wurde angestoßen und ebenso oft versandete es dann. Mehr dazu im Kapitel über die hausgemachten Probleme der Adler.

Immerhin fand der SC Preußen im Sommer 2020 eine schnelle Lösung für den nun vakanten Posten des Sportchefs. Peter Niemeyer wurde Mitte Juli vorgestellt und soll den schlingernden Kahn wieder auf Kurs bringen. Der frühere Profi von Werder Bremen, Hertha BSC und Wolfsburg bringt Erfahrung als Spieler mit und folgt damit der kleinen Tradition von Ex-Profis beim SC Preußen. Das sollte man nicht geringschätzen, denn so eine sportliche Kompetenz war im Klub zuletzt nur in Jochen Terhaar zu finden. Der machte über 150 Spiele in der Zweiten Bundesliga für Wattenscheid und Münster und sitzt seit 2016 im Aufsichtsrat des Klubs. Niemeyer wird beim SCP schnell in alle Themen einsteigen müssen – bei der Lektüre dieses Buches dürfte man wissen, wie gut das geklappt hat.

Stagnation in der Dritten Liga

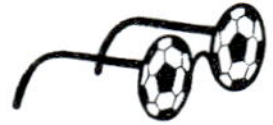

Zurück in die Dritte Liga. Die Saison 2014/2015 begann mit einem Rückschlag. Hansa Rostock reiste an, in der Kurve der Preußen gab's direkt wieder Streit und Ärger. Diesmal wegen eines „Maßnahmenkatalogs", den der SCP in der Sommerpause ziemlich ansatzlos in die Fanszene hineingereicht hatte (mehr dazu im Kapitel „Hausgemachte Probleme"). Das Spiel ging mit 3:4 verloren, na prima. Der Saisonstart wurde eine Wundertüte. Vielleicht hatte auch die Aussicht auf das Pokalspiel gegen den FC Bayern München die Konzentration etwas geraubt?

Auswärts in Stuttgart bei der U23 des VfB gewann der SCP mit 3:0, in Dresden verlor die Mannschaft, aber für das Derby in Osnabrück reichte es immer. Das Derby. Nach dem entsetzlichen Spiel 2011 wurde das Duell zunehmend mit Sorge verfolgt – und von den Sicherheitsbehörden auch reglementiert. Der SCP bekam nur 1.200 Karten, die Stadionkapazität wurde auf 15.000 Zuschauer begrenzt, im Preußenblock brannte es wieder ordentlich. Es blieb gereizt, aber im Rahmen, auch wenn am Ende 20 Fans im Gästeblock wegen Atemwegsbeschwerden behandelt werden mussten. Erik Zenga traf nach 28 Minuten zum Siegtreffer, aber er jubelte nicht, weil er mal in Osnabrück gespielt hatte. Nun, jeder wie er mag. Das Spiel bekam eine seltsame Note, weil die Adler die Chance auf das 2:0 hatten, sogar mehrfach. Die beste Gelegenheit vergab der SCP nach 85 Minuten. Da war Marcus Piossek auf dem Weg zu einem Treffer, wurde aber vom Osnabrücker Torwart gefoult. Piossek, Ex-Osnabrücker, wollte wohl selbst antreten, aber Mehmet Kara schnappte sich den Ball. Man konnte schon in der Szene sehen, dass es da ein paar Kommentare von Piossek in Karas Richtung gab. Kara verschoss. Kaum war die Partie beendet, nahm die Auseinandersetzung ihren Lauf. Wutentbrannt stürmte Kara auf Piossek zu, es wurde gerempelt und gebrüllt und nur mit Mühe brachten Mitspieler und Betreuer die beiden auseinander. Freunde waren und wurde beide nicht. Es war auch nicht die Saison von Kara. Zwei Monate später geriet er im Training mit Abwehrspieler Dominik Schmidt aneinander – Schmidt ging anschließend mit blutiger Nase vom Feld und beide Streithähne wurden vorerst suspendiert, später wieder begnadigt.

Rein sportlich lief es besser, als die Szenen im Umfeld vermuten ließen. Münster legte eine kleine Siegesserie hin, gewann gegen Wiesbaden, in Regensburg, gegen Großaspach. Okay, da war auch das 0:4 bei den Mainzer Amateuren, das offenbar im Glauben entstanden war, dass nun alles ganz locker laufen würde. Die Preußen kehrten aber fix auf die Siegerstraße zurück und dann gab es ja noch das Derby gegen Arminia Bielefeld. Die Preußen lagen zurück und drehten das Spiel noch in ein 3:1. Nach einem 1:0 gegen den MSV Duisburg sprang der SCP plötzlich auf einen Aufstiegsplatz. Nanu? Besser noch: Ein 2:0 gegen Unterhaching hievte die Preußen plötzlich auf Platz eins der Dritten Liga. Sollte sich jetzt doch alles endlich fügen, der alte Aufstiegstraum erfüllen? Arminia und der SCP drehten in den folgenden Wochen als Spitzen-Duo ihre Runden. Zwar verabschiedete sich das Team mit einem 1:2 in Cottbus in die Winterpause, verbrachte die spielfreie Zeit aber auf Platz zwei.

Aus dieser Pause kam der SCP hellwach und in teilweise neuer Besetzung zurück. Wie oft hatte der Klub nachverpflichtet. Thorsten Schulz wechselte aus Aue, Emil Atlason eiste der SCP aus Reykjavik los (loseisen, verstanden?). Atlason. Das war eine Nummer, über die man heute noch den Kopf schütteln muss. Der 21-Jährige galt als Talent, verließ aber erstmals seine Heimat Island und musste wohl einen gehörigen Kulturschock verdauen. Für Münster machte er in seinen wenigen Monaten gerade einmal sechs Spiele mit insgesamt 172 Spielminuten. Manche Transfers sind so seltsam, wie sie erscheinen. Lassen wir das. In der Liga gewannen die Preußen ihr erstes Spiel des neuen Jahres gegen Dresden mit 2:1, ein echtes Schweinespiel.

Derby again

Dann war wieder Derbyzeit angesagt. Osnabrück kündigte sich an und wir können kurz über die Herren Merkens und Bischoff sprechen. Es gab damals Spieltagsplakate, die in der Fanszene gestaltet wurden. Das waren keine offiziellen Plakate des Vereins, aber in Ermangelung solcher Ankündigungen teilte der Klub diese Plakate durchaus schon einmal in sozialen Medien. Nun war auf diesem Spieltagsplakat zum Derby Amaury Bischoff zu sehen. Warum auch nicht? Er war ein prägender Spieler der Zeit, in den Derbys stets mit starkem Auftritt und außerdem ging es wohl ums Prinzip. Das Banner fand in Osnabrück naturgemäß wenig Anklang. Die Neue Osnabrücker Zeitung verfasste einen kritischen Text über den „Coverboy". Der SCP klappte zusammen, distanzierte sich von dem Plakat. Natürlich sahen die Preußenfans das anders. In einem leicht verzweifelten Versuch, den Druck rauszunehmen, veranstalteten beide Klubs wenige Tage vor dem Derby eine gemeinsame Pressekonferenz am Flughafen Münster/Osnabrück. Half aber nichts. Im Derby knallte und rauchte es an allen Ecken und Enden. Auf der Tribüne hielten Münsters Fans Schilder hoch: JE SUIS AMAURY (in Anspielung auf das Attentat auf das französische Satiremagazin Charlie Hebdo). In diesen Jahren war ziemlich Gift drin in den Spielen gegen die Nachbarn aus Niedersachsen. Die Spiele gegen Bielefeld waren harmlos dagegen. Immerhin eroberte sich der SCP mit dem Sechs-Punkte-Start nach der Winterpause wieder die Tabellenführung.

Das Problem: Der SCP hielt die Leistung nicht. Aus den folgenden drei Spielen holte der SCP nur einen Punkt, gewann zwar gegen Regensburg, stürzte aber nach Niederlagen und Unentschieden immer weiter ab. Das Derby in Bielefeld war vor 25.000 Zuschauern ein Tiefpunkt. Münster führte durch Piossek, verlor aber mit 1:2. Im Block der Preußen gab es nach Spielschluss noch zusätzlich Stress, weil Bielefelder Ordner eher grob eingriffen, um eine geklaute Arminia-Fahne sicherzustellen. Die Polizei setzte Pfefferspray ein, am Ende wurden 29 Verletzte notiert, die meisten durch eben dieses Spray. Ein gebrauchter Tag und für den SCP der endgültige Abschied aus dem Aufstiegskampf. Platz fünf sah zwar noch gut aus, aber im Grunde durfte der SCP nach all den dürren Leistungen dort nur noch stehen, weil die Konkurrenz schlicht und ergreifend nicht stärker war. Das Derby in Bielefeld bekam noch eine Zugabe. Dominik Schmidt, einst Publikumsliebling und Kämpfertyp, nörgelte öffentlich über fehlende Unterstützung der Preußenfans, schimpfte darüber, dass er bei einem Send-Besuch von Preußen bepöbelt worden sei und warf die Frage in den Raum, ob er denn überhaupt noch einmal für den SCP auflaufen wolle. Wie die Fans das empfanden, konnte Schmidt eine Woche später beim Heimspiel gegen Fortuna Köln nachlesen: FÜR UNS NUR EINE MEMME, DIE ZU VIEL MIT DER PRESSE SPRICHT! Tja, die Liebe der Fans ist ein doppelschneidiges Schwert. Übrigens auch die des Vereins selbst. Kaum waren Schmidts Aussagen öffentlich, bekam er von Klub die Suspendierung überreicht. „Dies ist das Ergebnis des zuletzt vom Spieler gezeigten Verhaltens und der zum Teil in die Öffentlichkeit getragenen Äußerungen", teilte der Klub mit. Dass der SCP Ende April gegen Lotte auch noch aus dem Verbandspokal flog und damit den DFB-Pokal verspielte, passte ins Bild. Jesse Weißenfels traf im Preußenstadion zum entscheidenden 0:1 aus Preußensicht. Das Aus im Pokal quittierten die Fans mit deutlich hörbaren *Loose raus*-Rufen. Die letzten vier Saisonspiele verlor die schon völlig lustlose Mannschaft auch noch, abhaken den Mist.

Insgesamt war das im negativen Sinne bemerkenswert, wie schnell und nachhaltig sich der SC Preußen in der Spielzeit 2014/2015 selbst zerlegte. Stress mit den Fans, Stress mit den Gegnern, Stress mit Spielern, schon wieder alle Aufstiegshoffnungen verspielt. Und irgendwie war es logisch, dass obendrauf noch ein saures Sahnehäubchen fehlte. Das gab es am 15. April, also kurz vor dem bitteren Derby in Bielefeld. Aufgerieben von internen Meinungsverschiedenheiten kündigte Präsident Marco de Angelis seinen Abschied zum Saisonende an. Die öffentlichen Aussagen waren höflich und diplomatisch formuliert, der Klub benötige einfach mal einen neuen Impuls, hieß es. Dass Sportvorstand Carsten Gockel und der Klubchef sich in vielen Fragen völlig entfremdet hatten, war wohl ein wichtiger Teil dieser Entscheidung. Es ging sogar viel schneller. Ende April tauchte beim SCP ein alter Bekannter wieder auf. Georg Krimphove war zurück! Der „gute Bäcker" hatte schon Jahre zuvor ein Präsidiumsamt innegehabt, war dort eine Art „Fanbeauftragter", rieb sich letztendlich aber in dieser Funktion auf. Die Pyro-Vorfälle in Duisburg zum Saisonende 2013/2014 hatten ihm die Argumente ausgehen lassen, auch in der internen Auseinandersetzung mit dem Präsidium des Klubs. Er wollte nicht mehr und verließ im August 2014 das Gremium nach zehn Jahren im Amt. Eine Erleichterung für ihn.

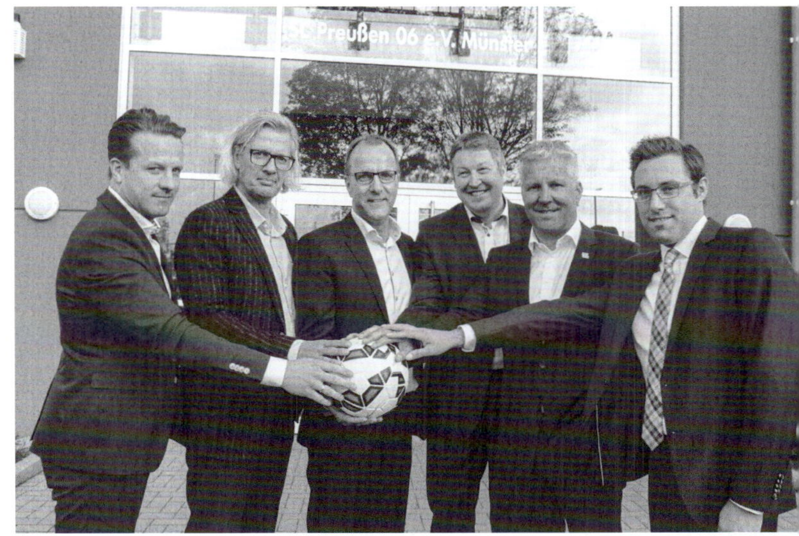

Bekannte Pose, teilweise neue Männer: Sportvorstand Carsten Gockel, Uwe Landheer, Georg Krimphove, Siggi Höing, Aufsichtsratschef Thomas Bäumer, Mike Schmitz (v.l.).

Als es darauf ankam, war das Herz stärker als der Kopf. Der Aufsichtsrat sprach Krimphove an, der sagte zu. Ende April, kaum zwei Wochen nach de Angelis' Ankündigung, wurde er vom Klub als neuer Präsident vorgestellt. Siggi Höing und Carsten Gockel blieben, neu ins Gremium rückten Mike Schmitz (Finanzen) und Uwe Landherr (Infrastruktur und Liegenschaften). Dass die Wahl auf Krimphove fiel, war kein Zufall. In der Stadtgesellschaft genießt der Bäckermeister einen glänzenden Ruf und als Preußenfan „seit Kindesbeinen“ erfüllt er die Erwartungen an eine Identifikationsfigur.

Die Saison bedeutete auch einen Abschied von alten Helden. Siegert, Truckenbrod, Masuch, Kirsch. Blumen für alle, eine Zeit ging zu Ende. Im letzten Saisonspiel verlor der SCP noch gegen die U23 des BVB. Das Team um den damaligen Trainer David Wagner (später Schalke-Trainer) hoffte auf den Klassenerhalt, was am Ende trotz des 2:1-Sieges in Münster nicht klappte. Dann war auch diese seltsame Saison beendet.

Einschub: Der Pokal-Fluch

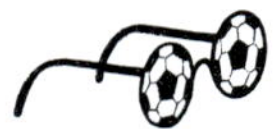

Wir müssen nach der Saison 2014/2015 einmal kurz über den DFB-Pokal reden. Nein, so ein richtiger Pokalschreck war der SCP nie. In den Sechziger- und Siebzigerjahren können wir das gleich völlig vergessen. Hier und da mal ein, zwei Runden, dann war der SCP schon wieder raus. Zweimal schaffte der SCP es ins Achtelfinale. Einmal 1987, als der SCP erst Oberhausen, dann Aachen rauswarf, aber im Achtelfinale gegen Fortuna Köln mit 2:3 unterlag. Und einmal 1991, als die Adler in der Zweiten Bundesliga spielten und nach Hilden-Nord und FSV Frankfurt den (damals) großen VfB Stuttgart mit Trainer Christoph Daum zugelost bekamen. Über 20.000 Fans sahen das Flutlichtspiel, in dem der noch junge Eyjólfur Sverrisson den Siegtreffer für den VfB erzielte (insgesamt brachte er es auf 251 Bundesligaspiele). Was für eine Truppe hatte Stuttgart damals am Start! Namen aus der Hall of Fame des deutschen Fußballs. Allgöwer, Buchwald, Frontzeck, Gaudino, Kögl. Naja, das Ergebnis war wie immer eine Niederlage. Ein Erlebnis war es dennoch.

1994 verlor der SCP sein Erstrundenspiel gegen Hannover 96 ziemlich wehrlos mit 0:5. Sagenhafte 3.800 Zuschauer verliefen sich im Stadion. Besser hätte man kaum sagen können, dass das Spiel langweilte. Binnen drei Minuten schraubte der Zweitligist das Ergebnis von einem 0:1 auf ein 0:4, Spaß machte das nicht. Im Jahr darauf war der 1. FSV Mainz mit Jürgen Klopp zu Gast. Diesmal wollten auch nur knapp 4.000 Zuschauer sehen, was der Regionalligist SC Preußen gegen einen Zweitligisten ausrichten konnte. Immerhin beendete der SCP die 120 Minuten mit einem 2:2 und sicherte sich das Elfmeterschießen. Wer schon länger dabei ist, kennt das Ende ja. Münster kam zu keinem Zeitpunkt für einen Sieg in Frage, unser Torwart (sein Name sei höflich verschwiegen) hüpfte konstant in die falsche Ecke, *Kloppo* traf, am Ende verschoss Kusmin, raus war der SCP.

Ich erinnere mich an den kalten Freitagabend im Stadion, an das Brummen und Surren, die Aufregung, die Enttäuschung. Das fühlte sich so an, wie sich Fußball anfühlen sollte. Ein bisschen rau, eine Mischung aus Hoffnung und Scheitern, das ewige Auf und Ab des Sports. Oder? Vielleicht hätte ich noch mehr davon aufgesaugt, hätte mir jemand gesagt, dass es bald vorbei sein würde.

Und zwar nachhaltig raus. Tatsächlich vergingen elf lange Jahre, ehe der SCP endlich mal wieder im DFB-Pokal antreten durfte. Das fühlte sich im Sommer 2008 auch völlig neu an. Und es gab ein Duell Viertligist gegen Bundesligist. Münster mit Trainer Roger Schmidt gegen Bochum mit Trainer Marcel Koller. Wie unterschiedlich die Zeiten waren! 1997 lief der Pokal fast unter Ausschluss der Öffentlichkeit, aber 2008 übertrug der Sender Premiere live, über 80 Journalisten waren akkreditiert, darunter Besucher aus Japan, die neugierig auf Bochums Japaner Shinji Ono waren. Die Preußen verkauften sich teuer, hielten das Tor sauber bis zum Ende der Verlängerung. Dann setzte sich der VfL mit 6:5 im Elfmeterschießen durch, weil Lars Remmert den entscheidenden Ball vergab. Ein starkes Spiel, trotzdem.

Plötzlich wurde der DFB-Pokal vertraut. Im Jahr danach bekam der SCP Hertha BSC zugelost. Vor 18.200 Fans im Stadion waren die Berliner schon überlegen, aber der SCP glich die Hertha-Führung von Raffael durch Marc Lorenz aus. Erst in der Verlängerung unterlagen die Preußen dem Team von Lucien Favre mit 1:3. Interessante Randnotiz: Auf der noch neuen Tribüne im Preußenstadion wurden die ersten drei Logen eröffnet und von oben schaute auch Ex-Schalke-Manager Rudi Assauer zu.

Anlauf Nummer drei folgte im Augst 2010. Immer wieder Bundesliga in Münster, wenigstens im Pokal. Gegner war der VfL Wolfsburg. Ein Regentag, massig nass, Preußenwetter, aber hallo. Im Schlamm und Dreck tat sich der spielerisch starke VfL schwer. Könner wie Mandžukić, Džeko, Grafite oder Josué kamen nicht richtig in Schwung. Der SCP verlor in der regulären Spielzeit mit 1:2 und erzielte dabei freundlicherweise kein einziges Tor. Den Ausgleich nach 86 Minuten fabrizierte Džeko per Eigentor, aber Grafite reparierte das eine Minute später mit dem 2:1. Schade drum, wieder raus. Von Wolfsburgs (Kurzzeit-) Trainer Steve McLaren gab es die üblichen Komplimente, Preußentrainer Marc Fascher machte gute Miene dazu. Kaufen konnte sich der SCP davon wie immer nix.

Weil der SCP in der Saison 2010/2011 leider das Achtelfinale bei RW Ahlen mit 0:1 verlor, gab es 2011 keinen DFB-Pokal in Münster. Dafür aber 2012 – das oben schon erwähnte Spiel gegen

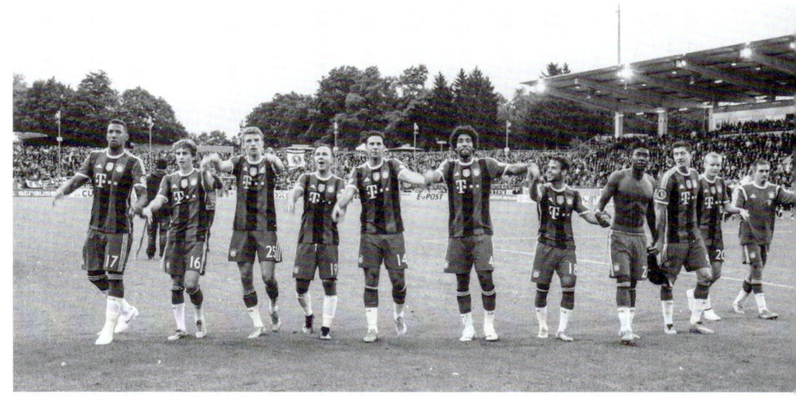

Nach dem Spiel feierten nur die Bayern in Münster. Bis zum Erscheinungstermin dieses Buches war es das letzte DFB-Pokalspiel des SCP.

Werder Bremen. Heiß, voll, unglaublich geladen. Mit 4:2 warf der SCP den konsternierten SVW aus dem Pokal und schrieb ein Teil der Werderaner Pleiten-, Pech- und Pannen-Geschichten mit. Das Los brachte in Runde zwei den FC Augsburg. Ein Los, über das viele Preußen lange rätselten. Richtig attraktiv war das in Münster nicht, aber die Leute wollten ja auch den SCP sehen und nicht die Gäste. Außerdem, da können wir auch mal ehrlich sein, war das Genöle über den vermeintlich wenig spannenden Gegner typisch für die Anspruchshaltung in Münster. Wenn, dann bitte gleich auch immer allerhöchstes Niveau, ja? Über Jahre hatte der SCP im Pokal keine Geige gespielt, und dann ist ein Bundesligist nicht mehr gut genug für die Adler. Man lässt sich herab, aber nicht ohne Murren.

Rund 16.300 Fans kamen in der Hoffnung auf einen erneuten Pokal-Coup. Der blieb aus, weil Jan-Ingwer Callsen-Bracker ansatzlos traf. Humorlos, freudlos, im Block neben der Tribüne gab es ein bisschen Pyro, das Thema war erledigt.

Irgendwie joveler war das 2013. Da bekam der SCP den FC St. Pauli als Gegner. Die Hamburger hatte man zuletzt in der alten Regionalliga Nord häufiger als Gast. Natürlich war das Stadion ausverkauft – und der sportliche Abstand überschaubarer. Der SCP grüßte als selbstbewusster Drittligist, St. Pauli kam als Zweitligist. Es war also keine Sensation, dass der SCP mit 1:0 gewann. Matthew Taylor, Pokalheld von 2012, schritt wieder zur Tat und erzielte das Tor des Tages. Obendrauf gab's einen erfolgreichen Heiratsantrag vor dem Preußen-Block, also alles tutti. Zweite Runde? Der FC Augsburg. Seufz. Ich mache es mal kurz, weil es ohnehin öde ist. Diesmal ließ der FCA auch in der Ergebnis-Höhe nichts anbrennen und siegte mit 3:0. Es war von allen Pokalspielen der Preußen seit dem Neustart 2008 das schwächste, weil buchstäblich chancenloseste. Übrigens traf Sascha Mölders zum 3:0 (den wir alle gerade noch aus der Dritten Liga kennen).

Tja. Und dann? Dann kam 2014 und dieser Moment, als Horst Hrubesch die beiden Kapseln für den FC Bayern und Preußen Münster zog. Ich weiß noch, dass ich die Auslosung am Fernsehen verfolgt hatte und nach dem Bayern-Los erstmal aus Reflex durch die Gegend gehüpft bin (und das später den anwesenden, aber fußballfernen Familienmitgliedern erklären musste). Hätte ich gewusst, was für ein Theater aus diesem Los entstehen würde …

Der FC Bayern war das große Los und beim SCP platzten alle vor Stolz und Vorfreude. Das Brimborium, das der SC Preußen anschließend und in den Wochen bis zum Spiel veranstaltete, war wirklich sensationell. Freundschaftsschals gingen weg wie warme Brezeln. In der ganzen Stadt sprach man über nichts anderes, das war ein unglaublicher Aufriss. Aber warum auch nicht? Der große Pep Guardiola an der Hammer Straße. Manuel Neuer in der Kabine des Preußenstadions. Weltmeister überall. Boateng, Lahm, Götze, Müller. Glanz in der alten Hütte, ein bisschen was sollte auf den SCP abfärben. Als die Bayern vom Flughafen Münster/Osnabrück mit ihrem Bus ins Mövenpick am Aasee fuhren, wurden sie von hunderten Fans begleitet, vor dem Hotel war kein Durchkommen mehr. Als hätte sich der Heiland persönlich zurückgemeldet. Aber mal ehrlich: Sportlich hatte der SCP am Ende wenig zu melden, immerhin durfte *Rocky* Krohne einen Elfmeter gegen Neuer verwandeln – das 1:4 in der 89. Minute. Da brach bei den Bayern kein Schweiß aus, ein bisschen jubelte der SCP. Am Ende winkten die Bayern in ihre Kurve, dann schwirrte der ganze Tross wieder ab gen München und der Spuk hatte ein Ende.

Ich wähle das Wort „Spuk“ mit Bedacht. Denn der Auftritt gegen den Rekordmeister war bis heute das letzte Pokalspiel der Adler. Seitdem erlebte der SCP im Verbandspokal (und den muss man eben überstehen) nur Enttäuschungen. Raus gegen Lotte, raus gegen Paderborn, dreimal raus gegen Rödinghausen. Was ist das nur mit den Preußen und diesem verdammten Westfalenpokal? Dass dieses eine Pokalspiel gegen die Bayern später herhalten musste, um ein dickes Minus in der Preußen-Kasse zu erklären, gehört zu den wundersamen, seltsamen, wirren Geschichten des Klubs. Der sportliche Höhepunkt war 2014 vorerst auch der Abgesang im DFB-Pokal.

Auf und ab, immer wieder

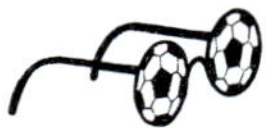

Durchschnaufen, Kräfte sammeln, einen neuen Anlauf in der Saison 2015/2016 nehmen. Das musste allerdings ohne Marcus Piossek vor sich gehen. Der machte die ersten sechs Saisonspiele für Münster, erklärte aber wiederholt, eigentlich lieber zum Zweitligisten Kaiserslautern wechseln zu wollen. Dort lockte ein Drei-Jahres-Vertrag. Münster wollte ihn nicht gehen lassen, aber eine gewisse Lustlosigkeit war bei Piossek schon zu erahnen, also gab der SCP ihn kurz vor Schluss der Transferperiode doch noch frei. Dass Piossek in Kaiserslautern nicht glücklich wurde, kaum Einsätze hatte und schon nach einem Jahr in Richtung Paderborn verschwand, gehört in die Kategorie „dumm gelaufen". Im Dress von Paderborn, Lotte und Meppen war er seitdem ständig gegen den SCP im Einsatz.

Und so irre das klingt: Wie schon in der Saison zuvor arbeitete sich der SCP mit etwas Anlauf wieder zu den Spitzenplätzen hinauf. Irgendwie hartnäckig, muss man sagen. Nach einem 3:1 gegen Bremens U23 rückte die Mannschaft auf Platz drei der Liga, mit einem 3:1 gegen Fortuna Köln war wieder ein direkter Aufstiegsplatz erreicht. Sollte das mit Ralf Loose und seinen ständigen Wechseln in der 69. Minute und dem Schlafwagenfußball doch etwas werden? Wir waren skeptisch und das zu Recht.

Es gehörte zu den Geschichten der Spielzeit 2015/2016, dass wegen der hitzigen Derbys der Vergangenheit erstmals grundsätzlich keine Gästefans zugelassen waren – weder in Münster noch in Osnabrück. Das erste Saisonderby an der Bremer Brücke verlief, wie man es erwarten konnte. Nicht einmal 9.000 Zuschauer wollten das Spiel ohne Gästefans sehen. Feindschaft hin oder her – auch die Osnabrücker Szene war nicht erfreut und hielt sich weitgehend an einen Support-Boykott. Logisch, in Münster war ja auch kein Platz für sie. Die Preußenfans hatten als Protest einen Fanmarsch in Osnabrück angekündigt, der zunächst verboten, später in kontrolliertem Rahmen rund um den Hauptbahnhof genehmigt wurde. Angesichts von Heerscharen an Polizei endete der Protest nach 30 Minuten.

Das 2:2 zwischen beiden Teams war sportlich betrachtet auch ziemlich wüst. Lange stand es 1:1, bis dem Osnabrücker Willers in der 90. Minute (!) ein Eigentor unterlief. Die Preußen fühlten sich schon als Sieger, ehe Savran nach 92 Minuten doch noch den Ausgleich erzielte. Sagte ich Bischoff und Merkens? In den Osnabrücker Jubel stürmte plötzlich ein Mann in Zivil und rempelte Amaury Bischoff um. Handgemenge, eine Menge Geschrei, Ordner und Verantwortliche auf dem Platz. Und der Mann in Zivil entpuppte sich als eben jener Tom Christian Merkens, den Bischoff zwei Jahre zuvor böse gefoult hatte und der seine schwere Verletzung bis dahin kaum auskuriert hatte. Merkens war auf dem Platz, rempelte und wollte sich dann wieder im Zuschauerraum verdrücken. Preußens Sportvorstand Carsten Gockel verfolgte den Mann bis in den VIP-Bereich, wo der Spieler mit Polizeiunterstützung dingfest gemacht wurde, ehe er sich als Spieler herausstellte. Der VfL beeilte sich mitzuteilen, dass Merkens eine Arbeitskarte besitze und sich daher auch im Innenraum aufhalten dürfe. Der DFB wollte die Sache wohl auch lieber beenden und sah das ebenso. Also kein weiteres Drama. Der Vorfall ging aber als später „Racheakt" durch die gesamte deutsche Presselandschaft.

Die Preußen hielten sich in den Wochen danach wie in der Vorsaison stabil auf den Aufstiegsplätzen. Im Dezember, dem tristen und trüben Dezember, war dann wieder Preußenzeit. Trainerwechselzeit. Münster verlor daheim gegen Aue (das erste Wie-

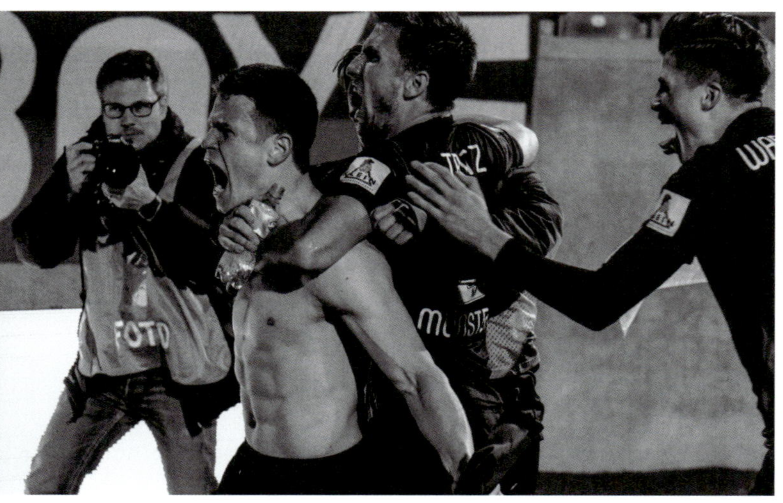

Vielleicht das wichtigste Tor von Tobias Rühle. Der Jubel deutet das an.

dersehen mit Pavel Dotchev), dann in Großaspach mit 1:3 und zuhause gegen den VfB Stuttgart II. Tja, was soll man sagen? Für Ralf Loose war es das. Binnen kurzer Zeit war der SCP wieder abgeschmiert und beim SCP war die Laune im Keller. Aber die Adler haben ja immer noch was im Köcher. Kaum war Loose weg, stellte der Klub Horst Steffen vor. Der frühere Profi von Borussia Mönchengladbach (über 200 Bundesligaspiele für Mönchengladbach, Uerdingen und Duisburg) übernahm. Ein völlig anderer Typ. Wo Loose trocken knurrte, lachte Steffen alles weg. Wenige Wochen nach seinem Amtsantritt schaute er abends beim privaten Fanstammtisch in der *Nordschänke* vorbei und plauderte jovial mit einem knappen Dutzend Fans. Hätte man sich das bei Loose vorstellen können?

Steffens erstes Spiel gewann das Team mit 2:0 gegen Erfurt, Krohne und Reichwein sei Dank. Bis zum Saisonende lieferte der SCP schwankende Leistungen ab. Nur fünf Siege holte Horst Steffen mit der Mannschaft, verlor aber acht. Schaut man heute auf die Rückrunde, hätte man ahnen können, welche Entwicklung das nehmen würde. Weil die Preußen am Ende auf Platz neun einliefen, blieb der Eindruck leidlich okay und jetzt konnte Steffen ja sein neues Team bilden.

Das tat er auch. Zum Sommer 2016 kamen Spieler wie Mai, Mangafic, Al-Hazaimeh, das Großaspacher Duo Rizzi und Rühle, Braun, Tekerci oder Jordanov. Das, was Fans später als die Süd-Connection von Steffen beschreiben würden. Acht Neuzugänge schob der Trainer zum Auftaktspiel gegen den VfL Osnabrück in die Startelf. Und zugleich rasierte er den Kapitän Amaury Bischoff und verpasste die Binde dem Neuzugang Michele Rizzi. Das brachte Unruhe ins Team, weil Bischoff das natürlich persönlich nahm. Schlimmer aber war, dass die neue Mannschaft spürbar nicht auf das Derby vorbereitet war. Irgendwie wirkte das alles zahnlos, kraftlos. Natürlich bekam der SCP die Rechnung dafür serviert – Halil Savran besorgte mit seinem Tor nach 22 Minuten den Sieg für den VfL. Es war der erste Derbysieg für Osnabrück im Preußenstadion seit 15 Jahren. Die Quälerei kann man auch abkürzen: Der SCP legte eine unglaublich schlechte Runde hin. Vom zweiten Spieltag an lag der SCP ununterbrochen auf einem

Abstiegsplatz. Das hielt der Klub nur zehn Spieltage aus, dann zog er die Reißleine und warf Horst Steffen raus. Der wollte schönen Fußball spielen, sicher. Und die Mannschaft war ja nicht schlecht. Was Steffen sich vorstellte und was das Team leisten konnte, passte aber einfach nicht zusammen. Nein, Steffen war kein schlechter Trainer, das zeigte er später in Elversberg, welches er zu einem Spitzenteam der Regionalliga Südwest formte. Aber in Münster funktionierte wenig bis nichts.

Für Steffen sprang Cihan Tasdelen ein. Im Westfalenpokal gewann der mit der Mannschaft gegen Erkenschwick ziemlich souverän mit 7:0, auch im Ligaspiel gegen den SV Wehen Wiesbaden blieb er ungeschlagen (2:2). Über die Umstände des Trainerwechsels ist mehr im Kapitel „Schockschwerenot: Alles auf links“ zu lesen. Jedenfalls präsentierte der Verein nach dem Unentschieden auch gleich seinen neuen Trainer: Benno Möhlmann! Der frühere und langjährige Zweitliga-Profi des SCP und Trainer-Urgestein stand zwar für viel Erfahrung und ein bisschen Vergangenheit, aber in diesem Augenblick in Münster auch für einen Aufbruch. Möhlmann stabilisierte das Team. Und der Klub legte abermals Geld auf den Tisch, um im Winter personell nachzulegen. Spieler wie Mirkan Aydin kamen. Nach dem 1:0-Auswärtssieg in Zwickau verließ der SCP erstmals seit Monaten einen Abstiegsplatz.

Es war keine einfache Saisonphase, weil es immer wieder Rückschläge gab, aber seit dem 27. Spieltag zeigte das Team einen spürbaren Ruck. Das war die Heimpartie gegen den FSV Frankfurt. Der FSV war direkter Abstiegskonkurrent, natürlich war eine Niederlage hier glattweg verboten. Trotzdem lag der SCP nach drei Minuten schon mit 0:1 zurück. Neuzugang Aydin traf zum 1:1, aber das war auch zu wenig. Als alle glaubten, dass es nicht reichen würde, traf Tobias Rühle volley zum 2:1. Das war der Sieg und was sich dann vor der Kurve abspielte, war ja unglaublich. Rühle riss sich das Trikot vom Leib (kassierte die schönste Gelbe Karte dafür), dann lag sich die gesamte Mannschaft in den Armen. Und auf den Rängen alle Zuschauer. Dieser 2:1-Sieg des Willens war der Moment, in dem der SCP das Lenkrad herumriss. Frankfurt brachte die Wende. Es war übrigens das einzige Tor, welches Tobias Rühle in der Saison 2016/2017 erzielte. Soll niemand sagen, er hätte es nicht für den wichtigsten Augenblick aufgespart.

Wiedersehen mit Kaiserslautern

Nach dem Spiel gegen den FSV legte der SCP eine Siege- und Punkteserie vom Feinsten hin. Nur eine einzige Niederlage kassierte der SCP (0:1 in Wiesbaden), bis der Klassenerhalt gesichert und die Luft raus war. Als es um nichts mehr ging, verlor die Mannschaft in Paderborn und gegen Regensburg, das kümmerte niemanden mehr. Die Arbeit war getan, der Job erledigt, aber es war knapp. Obschon die Tabelle eindeutig war, beseitigte der SCP den letzten rechnerischen Zweifel am Klassenerhalt am 35. Spieltag mit einem 5:1 gegen den FSV Zwickau (trainiert von Steffen Baumgart). Nach dem beeindruckenden Auftritt musste Adriano Grimaldi auf den Zaun und Möhlmann erlaubte sich seinen einzigen emotionalen Moment beim SCP. Mit Tränen in den Augen zog er eine kleine Ehrenrunde über das Spielfeld, ganz allein, nur er und die Fans, die ihn für die Rettung feierten. Das war ein emotionaler Tag, auch weil das Spiel dank der Einsicht des DFB am 111. Geburtstag des SC Preußen Münster stattfinden konnte: 30. April 2017.

Aber alles ist vergänglich. Der Ruhm von gestern zählt nicht lange. Münsters Start in die neue Serie war gut, sieben Punkte aus drei Spielen ließen vorsichtige Hoffnungen keimen. Beim 1:0-Sieg in Würzburg, den sich die Mannschaft am Ende hart erarbeitete, feierten die Fans die Rückkehr von Simon Scherder, der nach schweren Verletzungen und Rückschlägen endlich wieder seine ersten Spielminuten absolvierte. Leider ging es dann zügig bergab. Eine Menge Niederlagen flatterten herein, aber ein bisschen witzig war, dass Münsters einziger Sieg in dieser Pleitenzeit ein 4:1 im Derby gegen Osnabrück war. Selbst das Derby zog in dieser dürren Zeit nicht mehr. Heftiger Regen ließ viele Fans fernbleiben, der WDR übertrug live im TV, es waren gerade 9.300 Fans im Stadion. Auf dem Platz war der SCP Chef im Ring. Kittner, Rühle, Kobylanski, Stoll. Klare Sache.

Leider nur ein kurzer Ausbruch nach oben. Tatsächlich stürzte die Mannschaft schon wieder ab. Am 10. Spieltag rutschte der SCP nach einem 0:2 in Jena runter auf einen Abstiegsplatz, das war nicht zum Aushalten. In Wiesbaden kassierte die Mannschaft anschließend eine der übelsten Niederlagen der Drittliga-Geschichte: 2:6, jeder Schuss ein Treffer. Nichts ging mehr und erfahrene Preußenfans wussten längst, wie das enden würde. Das Ende kam in Gestalt von Sonnenhof Großaspach. Adriano Grimaldi leitete die 1:4-Niederlage mit einem Eigentor ein, 4.800 Zuschauer wollten das noch mitansehen. Jetzt kommt eine dieser typischen Geschichten aus dem Fußball: Der Gästetrainer, der mit seinem Sieg effektiv die Trainerkarriere des großen Benno Möhlmann beendete, war … Sascha Hildmann. Möhlmann wurde nach der Partie entlassen, Münster war seine letzte Trainerstation. Für ihn vielleicht ein bitterer Moment, aber immerhin war Münster sowohl Start wie auch Ende einer langen Karriere.

Auftritt Marco Antwerpen! Den hatte der SC Preußen von Viktoria Köln weggelockt, was aus Köln mit gewissen unhöflichen Worten in Antwerpens Richtung begleitet wurde. Weil Antwerpen mit Münster verhandelte und das Anfang Dezember 2017 bekannt wurde, stellte Köln den Trainer schnell noch frei. Das übliche Spiel.

Antwerpens erstes Spiel endete mit einem 0:2 in Meppen, welches man als unglücklich bezeichnen muss. Das Spiel, nicht Meppen, versteht sich. Aber schon zum Auftakt wurde deutlich sichtbar, dass die Mannschaft unter *Anti* eine andere Kontur bekommen würde. Das bestätigte sich in den kommenden Wochen. Nein, ein Überflieger wurde der SCP nicht, aber mit zehn Siegen aus 19 Spielen sicherte sich die Mannschaft einen guten zehnten Tabellenplatz.

Die Rückrunde 2018 war ein Zeichen – wie unter Steffen der Niedergang abzusehen war, so deutete sich beim SCP ein Aufwärtstrend an. So kam es auch.

Die Saison 2018/2019 begann der SCP mit einem starken 4:1 bei Fortuna Köln und einer Gala-Show von Neuzugang René Klingenburg. Auch Stürmer Dadashov, den der SCP vom BFC Dynamo geholt hatte, traf. Ein glänzender Auftakt. Okay, das 1:2 ge-

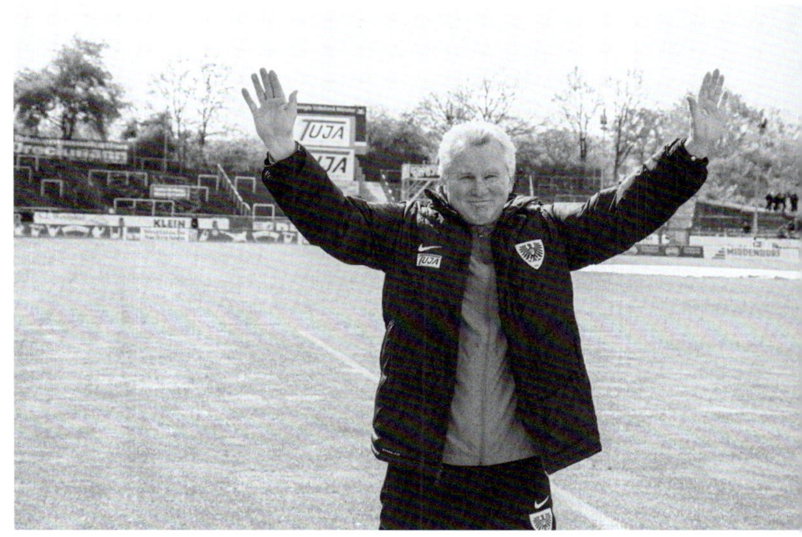

Benno Möhlmann nach dem fast sicheren Klassenerhalt 2017. Münster markierte den Beginn seiner Karriere und ihr Ende.

gen Jena am zweiten Spieltag war eine Panne, aber dann ging es nach Kaiserslautern. Ich saß leider (Familie geht vor) im Urlaub in Dänemark, als Martin Kobylański in Kaiserslautern nach 91 Minuten zum Freistoß schritt. Wir wissen alle, was los war. *Koby* setzte das Ding rein, bei MagentaSport eskalierte Kommentator Christian Straßburger völlig („Was für ein Tor! Was für ein unfassbares Tor! Mir platzt die Hose! Ich kann nicht mehr, das ist Wahnsinn!") und irgendwo in Dänemark hüpfte ein erwachsener Mann wie ein Kleinkind durch ein Ferienhaus.

Nicht nur, dass der Sieg so spät und unerwartet kam. Es war auch das erste Pflichtspiel zwischen Kaiserslautern und Münster seit jenem Endspiel um die Deutsche Meisterschaft 1951. Da wartete man 67 Jahre drauf und dann kam Kobylanski.

Mit einer starken Sieges- und Punkteserie im Herbst schob sich der SCP wieder einmal auf die Aufstiegsränge. Münster gewann gegen Würzburg und grüßte hinter Spitzenreiter Osnabrück von Platz zwei. Wir kannten das und erlaubten uns keine großen Träume, ein bisschen stabiler fühlte sich das jedoch an als in den

Jahren zuvor. Einfach, weil die Mannschaft insgesamt gefestigter und besser zusammengestellt wirkte.

Tja. Denkste. Halle war im Dezember 2018 so ein kleiner Wendepunkt. Es war seltsam: dem SC Preußen gingen die Zuschauer flöten. Da lieferte die Mannschaft nach dürren Jahren mal wieder Top-Fußball ab, aber im Stadion wurde es leerer und leerer. Die Partie gegen Halle wollten „nur“ 6.000 Zuschauer sehen, dabei war es das Duell des Zweiten gegen den Sechsten. Als hätten sie es geahnt. Münster verlor mit 1:2, lieferte einen ganz schwachen Kick. Es war leider der Auftakt in den miesesten Dezember seit langer Zeit. Vier Spiele – alle vier verloren die Preußen. Darunter auch die Skandal-Partie im bereits halb abgerissenen Wildpark in Karlsruhe. Sorry, aber selten wurde der SCP so verpfiffen wie von Sven Jablonski an diesem Tag. Ein völlig ausgeglichenes Spiel wurde durch einen irregulären Treffer auf den Kopf gestellt, dann sah Ole Kittner unberechtigt Rot und alles war kaputt. Am Ende unterlag der SCP mit 0:5. Aus den beiden Heimspielen gegen Zwickau und Köln holte der SCP auch nichts.

Das war eine unruhige Winterpause – aus verschiedenen Gründen. Sportlich war der SCP auf Platz sieben abgerutscht. Der Abstand zum Relegationsplatz war auf acht Punkte angewachsen. Man hatte das Gefühl, da könnte trotzdem noch etwas gehen, aber das Gefühl unterstützte der SCP nicht. Irgendwann in diesen Wochen muss sich beim Trainer auch der Eindruck gefestigt haben, dass die Mannschaft (und auch der Verein) keine richtige Zukunft hat. Oder keine starke Zukunft, je nachdem. Antwerpen eierte nicht rum und teilte mit, dass er seinen Vertrag in Münster nicht verlängern werde. Das nahm die sportliche Leitung, also Malte Metzelder, eher teilnahmslos hin. Das Verhältnis zwischen beiden war nach außen professionell, intern aber nicht in Ordnung. Die passten nicht zusammen, so ist das manchmal. Antwerpen zog die Reißleine, aber die Mannschaft zog das professionell durch. Die Saison beendete der SCP auf Platz acht, was den besten Platz seit 2014 bedeutete. Mit einem Punkt in Zwickau am letzten Spieltag hätte es Platz sieben werden können.

In Erinnerung bleibt das letzte Heimspiel der Saison gegen den Karlsruher SC. Die Gäste gewannen mit 4:1 und sicherten sich damit den Zweitliga-Aufstieg. Das war nicht schön mitanzusehen. Wieder einmal jubelte ein Gegner im eigenen Stadion, das gab es schon einige Male, beispielsweise Sandhausen 2012 und Regensburg 2017. Ärgerlich war das auch, weil die Karlsruher mit rund 3.000 Fans angereist waren, einen Teil der Gegengerade bekamen und später den Platz stürmten (wobei einiges zu Bruch ging). Dass in dieser Partie auch die alten Aufstiegshelden von 1989 geehrt wurden, 30 Jahre danach, war immerhin ein kleiner, emotionaler Moment, ging aber im blau-weißen Jubel etwas unter.

Der Abstieg

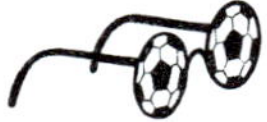

Machen wir es kurz. Das Geld knapp, die Aussichten mau, der SC Preußen Münster wollte 2019/2020 schlau handeln, kreative Lösungen finden, ein neues Team aufbauen mit einer Mischung aus erfahrenen Spielern und Talenten. Spieler wie Sandrino Braun, René Klingenburg und Martin Kobylanski verließen den Klub, etwas überraschend auch Danilo Wiebe. Der Aderlass war, wie wir wissen, zu groß. Dabei klangen die Namen der Neuzugänge gar nicht schlecht. Allen voran Julian Schauerte, der langjährige Zweitliga-Profi, aber auch Spieler wie Luca Schnellbacher oder Nico Brandenburger. Als Trainer hatte Malte Metzelder in Bremen zugegriffen und Sven Hübscher verpflichtet. Auf dem Papier eine kluge Wahl: Hübscher brachte reichlich Bundesliga-Erfahrung mit, war ja auf Schalke unter verschiedenen Trainern Co des Bundesliga-Teams, zugleich hatte er bei Bremens U23 bewiesen, auch mit Nachwuchsspielern umgehen zu können.

Das alles sah zu Saisonbeginn ordentlich aus und der Start in die Liga verlief dank eines spektakulären 3:2-Sieges gegen Kaiserslautern erstmal positiv. Was dann passierte, lässt sich in der Rückschau kaum noch in Worte fassen. 14 Spiele in Folge blieb der SCP ohne Sieg. Dazwischen fiel auch noch das ärgerliche Pokal-Aus in Rödinghausen (schon wieder Rödinghausen).

Beim Heimspiel gegen Waldhof Mannheim präsentierte das Team vor dem Spiel ein großes Banner: GEMEINSAM UNTEN RAUS.

Das sollte Mut machen, war jedoch ein verzweifelter Ruf im tobenden Abstiegskampf. Auch diese Partie verlor der SCP. Es war die Jahreszeit, die es immer ist. Der triste Frühwinter. Sven Hübscher musste gehen, er war nicht mehr zu halten. Praktischerweise verfügte der SCP mit Arne Barez über einen Fußballlehrer im eigenen Klub, welcher bis zur Winterpause einsprang. Unter Barez gelang endlich der ersehnte erste Sieg nach Monaten (2:0 gegen Magdeburg), aber das war nur ein kurzer Moment der Erleichterung. In Meppen und gegen 1860 München verlor der SCP sang- und klanglos.

Tja, und da stand der Klub nun wieder. Auf dem vorletzten Platz, mit weniger Abstand zum Tabellenletzten Jena als zum ersten Nichtabstiegsplatz.

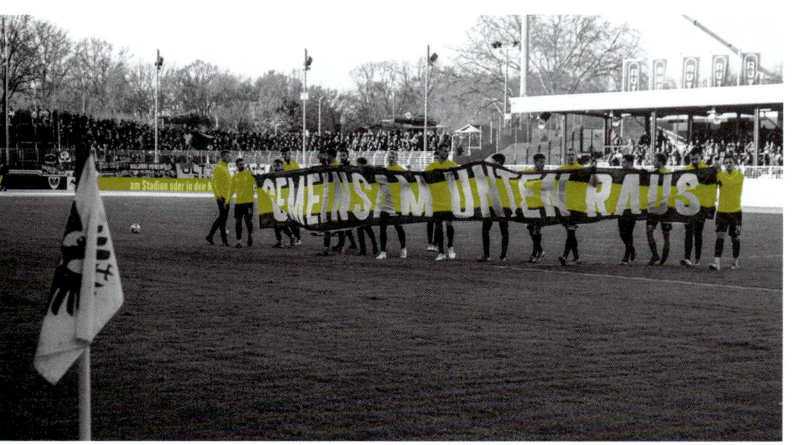

Gemeinsam unten raus – der unerhörte Wunsch.

Damit können wir den Bogen schließen zum Beginn dieses Buches. In einem Akt der gemeinsamen Hoffnung sammelten Sponsoren ab Dezember 2019 unter dem Motto *Aufholjagd* Geld ein, um die Mannschaft für den Abstiegskampf noch zu verstärken. Die Fans hatten ihre eigene Aktion: *Niemals aufgeben.* Dabei kamen immerhin 12.500 Euro zusammen. Das Geld beider Aktionen reichte für drei Neuzugänge: Oliver Steurer, Rückkehrer Marco Königs und Jan Löhmannsröben.

Unter dem neuen Trainer Sascha Hildmann versuchte die Mannschaft alles, aber die Bürde der Hinrunde war zu groß. Zwar rückte der SCP phasenweise dem rettenden Platz 16 nahe auf die Pelle, am Ende punktete die Konkurrenz einfach ebenso gut oder besser.

Saison	Tabellenplatz
2011/2012	12
2012/2013	4
2013/2014	6
2014/2015	8
2015/2016	9
2016/2017	9
2017/2018	10
2018/2019	8
2019/2020	18

Nach neun Jahren musste der SC Preußen den fünften Abstieg der Klubgeschichte hinnehmen.

Von Wendemarken war am Anfang des Buches die Rede. 2020 war auch eine. Jetzt steht der SC Preußen wieder in der Vierten Liga und zumindest heute (Sommer 2020) ist unklar, wohin die Reise geht.

Abschied: Zahlen aus neun Jahren Dritte Liga

Das war es also mit der Dritten Liga. Mindestens bis 2021 ist der SC Preußen wieder aus dem Fokus gerutscht. Neun Jahre gehörte der SC Preußen zum festen Inventar der Spielklasse. Nach dem Abschied von Erfurt und dem Aufstieg des SV Wehen Wiesbaden war der SCP das Team mit der längsten ununterbrochenen Ligazugehörigkeit. Schon seltsam, wie schnell die Adler gealtert waren, oder? Der Aufstieg war doch gerade erst gestern. Oder vorgestern? In der Ewigen Drittliga-Tabelle liegt der SCP auf Platz sechs.

Platz	Verein	Spiele	Jahre	Tore	Punkte
1	SV Wehen Wiesbaden	380	10	522:466	549
2	VfL Osnabrück	342	9	459:379	527
3	SpVgg Unterhaching	380	10	517:553	492
4	Hansa Rostock	342	9	443:428	481
5	RW Erfurt	380	10	455:511	478
6	Preußen Münster	342	9	450:421	473
7	Hallescher FC	304	8	383:399	407
8	Chemnitzer FC	304	8	398:403	391
9	VfB Stuttgart II	304	8	372:411	369
10	Jahn Regensburg	266	7	327:411	347

Weil Regensburg, Stuttgart II und Chemnitz in der Saison 2020/2021 ebenfalls nicht in der Dritten Liga spielen, wird sich an Münsters Position nichts ändern. Der einzige Klub, der uns überholen könnte, wäre der Hallesche FC. Dazu müsste der HFC aber mindestens 67 Punkte holen. Schauen wir mal.

Insgesamt absolvierte der SC Preußen 342 Spiele ununterbrochen in der Spielklasse. In der Oberliga Westfalen kamen zwar absolut mehr Spiele zusammen (426), aber dafür brauchte es insgesamt drei verschiedene Abstiege und Zeiträume (1981 bis 1989, 1991 bis 1994 und 2006 bis 2008). Nur in der alten Regionalliga West (zweithöchste Spielklasse) war der SCP insgesamt zehn Jahre lang ununterbrochen zuhause, machte dort aber wegen der kleinen Ligastaffeln nur 340 Spiele.

Nun denn. In der Dritten Liga gewann der SCP 125 Spiele, verlor 119 und holte 98 Unentschieden. Im Preußenstadion erspielte sich der SCP genau 293 Punkte, auswärts 180 Punkte. Was die Trainer betrifft, so gab es nicht wahnsinnig viel Kontinuität. Das ist ein Thema, über das man auch mal sprechen könnte. Insgesamt standen elf Trainer verantwortlich an der Seitenlinie, darunter die drei Interimstrainer Carsten Gockel, Cihan Tasdelen und Arne Barez. Von den acht „echten" Trainern erlebten nur zwei ein reguläres Vertragsende. Das war Marco Antwerpen in der Saison 2018/2019 und Sascha Hildmann in der Spielzeit 2019/2020. Alle anderen mussten früher gehen, meistens im Winter. Der Trainer mit der längsten Verweildauer war Ralf Loose mit 89 Spielen, nicht ganz so erfolgreich war Sven Hübscher mit 17 Spielen. Sortieren wir die Trainer doch einmal nach ihrer Punktequote.

Trainer	Spiele	Siege	Unent.	Niederl.	Punkte	Schnitt
Dotchev, Pavel	61	27	20	14	101	1,66
Antwerpen, Marco	57	25	11	21	86	1,51
Loose, Ralf	89	34	28	27	130	1,46
Hildmann, Sascha	18	6	6	6	24	1,33
Möhlmann, Benno	46	17	10	19	61	1,33
Fascher, Marc	22	6	10	6	28	1,27
Steffen, Horst	27	7	5	15	26	0,96
Hübscher, Sven	17	2	7	8	13	0,76

Ganz interessant: Münsters erfolgreichster Trainer war dem Punkteschnitt nach Pavel Dotchev. Vor allem dank seiner wahnwitzigen 72-Punkte-Saison. Diese Spielzeit stach in jeder Hinsicht aus den neun Jahren Dritte Liga heraus. Außerhalb dieser Spielzeit holte Dotchev „nur" 1,26 Punkte im Schnitt. Was erstens die Leistung aus dieser starken Fast-Aufstiegssaison nicht schmälern soll und zweitens darauf verweist, dass der eigentliche „Starttrainer" der Adler Marco Antwerpen war. Kein Trainer punktete über seine gesamte Amtszeit so gleichmäßig mit seinem Team. Natürlich hinkt das alles ein bisschen wegen unterschiedlicher Voraussetzungen, zumindest darf für Dotchev und Antwerpen gelten, dass beide eine volle Spielzeit mit „ihrem" eigenen Team durchziehen konnten. Das war nicht allzu vielen Trainern in Münster möglich.

Dotchev und Antwerpen waren auch die Trainer mit der besten Siegquote (der Prozentzahl der Siege verglichen mit der Zahl der absolvierten Spiele). Mit 44,3 Prozent (Dotchev) und 43,9 Prozent (Antwerpen) liegen beide ziemlich gleichauf. Überflüssig zu erwähnen, dass Sven Hübscher mit 11,8 Prozent ganz am Ende rangiert und das mit gehörigem Abstand.

Für die Geografie-Interessierten: In den neun Jahren Dritte Liga spielte der SC Preußen gegen Klubs aus 49 unterschiedlichen Städten und Gemeinden. Von Aachen und Aalen bis hin zu Würzburg und Zwickau. Die häufigsten Gegner waren Chemnitz, Halle, Osnabrück, Rostock und Wehen Wiesbaden (je 16 Spiele).

Einschub:
Der SCP
und seine Fans

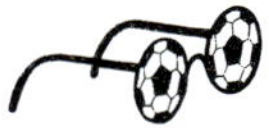

Es gab da diese legendäre TV-Werbung. „Die Geschichte der Menstruation ist eine Geschichte voller Missverständnisse." So flapsig formulierte OB seine Tampon-Werbung einst. Und Missverständnisse, ganze Geschichtsbücher davon, hat der SC Preußen Münster bestenfalls erfunden, wenn es um das Verhältnis zu seinen Fans ging. Interessanterweise ist das ein Feld, das erst in den vergangenen 15 bis 20 Jahren zur Diskussion steht. Das dürfte in erster Linie mit der Art zusammenhängen, wie sich die Fankultur im deutschen Fußball verändert hat. Der Einzug der Ultrá-Bewegung hat auch die Beziehung zwischen (besser) organisierten Anhängern und Klubverantwortlichen verändert.

Dazu ein kleiner Rückblick auf die Entwicklung in Münster. Bis zum Ende der Neunzigerjahre bestand die Fanszene des SC Preußen wie die vieler anderer Klubs aus vielen kleinen Grüppchen und Fanclubs. Ein paar große waren dabei, die Adler 79 beispielsweise. Das war alles noch wenig strukturiert, sehr heterogen. Eine einheitliche Kurve war nicht in Sichtweite, stattdessen suchte sich jeder Fanclub, jede kleine Szene einen eigenen Platz im Stadion. Bis etwa zum Jahrtausendwechsel jubelten die Preußenfans noch auf der Gegengerade, direkt neben dem Marathontor. Von dort kennen ältere Fans noch den kräftigen Schlachtruf *Abfangjäger!*, das Pendant zu Krefelds *Ueeeerdingen!*

Die beginnende Veränderung wurde im Stadion sichtbar durch einen Umzug der aktiven Fans in die Ostkurve neben die alte Tribüne. In der Saison 2001/2002 bekam das Kind einen Namen. Curva Monasteria. Eine Art Dachverband für viele Fans und Fanklubs. Das hatte sicher etwas zu tun mit der noch neuen Regionalliga Nord. Die zweigleisige Dritte Liga sorgte für höheres Interesse und in der Fast-Aufstiegssaison 2000/2001 war das Interesse am SC Preußen selbst gewachsen. Die Curva war in dieser Form noch neu in Fußball-Deutschland und orientierte sich an Vorbildern aus Italien und Osteuropa.

Mit manchmal sehr „ehrgeizigem" Selbstverständnis übernahmen Fangruppierungen die Deutungshoheit über alles, was die Kurve betraf. Sozusagen als unausgesprochene Gegenleistung für den organisierten Support und die bunte Kurve. Während der Fußball immer erheblicher in Richtung Kommerzialisierung driftete, wurden die Fans „mündiger", und lauter.

Statt vieler einzelner kleiner Banner stand jetzt selbstbewusst der Name der Kurve auf dem Zaun. Monatsbeiträge für Choreos, ein kleines News-Blättchen: Die neue Kurve entwickelte ein eigenes Gruppen-Bewusstsein. Und verdrängte damit auch Altes. Fangesänge veränderten sich, der Ton in der Kurve, der Support an sich. Ganz still und fast unmerklich entstand auch eine Abgrenzung zwischen Fans, Zuschauern und den sogenannten aktiven Fans. Das war sicher nicht die Idee oder der eigentliche Wesenszweck der Curva, aber in der Realität wandelte sich in diesen ersten Jahren des neuen Jahrtausends das Selbstverständnis und die Beziehung zwischen der Fanszene und dem Klub. Und noch etwas geschah: Die plötzlich in größeren Gruppen auftretenden Fanszenen wurden von den Sicherheitsbehörden strenger beäugt. Die Debatte um „potenzielle Straftäter“ in der Kurve nahm Fahrt auf, im Fußball allgemein, auch in Münster. Das merkte der SCP danach immer häufiger.

Erster Knacks im Gehäuse

Auch das Verhältnis zum Klub nahm Schaden. Wenn man es genau nimmt, bekam die Verbindung schon im Jubiläumsjahr 2006 leichte Risse. Zum 100. Geburtstag des Vereins hatte der SC Preußen Münster ein ganzes Jubeljahr geplant. Den offiziellen Teil mit Rathaus-Empfang, schönen Reden und all dem Gedöns erledigte der Klub im April des Jahres, rund um den Gründungstag des SCP. Dann rauschte die Mannschaft sportlich in den Tabellenkeller und wenige Wochen später erstmals in der Vereinsgeschichte in die Vierte Liga.

Der Abstieg verhagelte dem Klub die Laune, er zog die Notbremse und stellte die Feierlichkeiten ein. Die Begründung las sich nachvollziehbar. Nach weiteren Feiern sei doch gerade niemandem zumute und überhaupt sei das meiste erledigt, oder? Nicht ganz. Denn während die Offiziellen und Verantwortlichen ihre Empfänge und Sonntagsreden bekamen, fielen die für Fans geplanten Partys hinten runter. Die „normalen“ Fans blieben im Jubiläumsjahr draußen. Das nahmen gerade jene dem Klub übel, die sonst Woche für Woche dem Team hinterherfuhren und

Choreos entwickelten. Die in ihrer Freizeit viel investierten, um die Mannschaft zu unterstützen. Sie meldeten sich im Sommer 2006 zu Wort. Seit Jahren, so die Kritik, betreibe der Klub keine aktive Fanarbeit. Die Zerrüttung der Stimmung betraf beileibe nicht nur den Verein.

Auch das Verhältnis zur Polizei in Münster geriet mehr und mehr zum Desaster. Zunächst gab es diese komplett aus dem Ruder gelaufene Aktion beim Spiel gegen Eintracht Rheine. Im Hinspiel am Delsen hatten sich Preußenfans eine Fahne des FCE „ausgeborgt". Ja, klar, das war keine grandiose Idee. Aber diese Art von „Verbrechen" gehört so ein bisschen zum Alltag zwischen Fanszenen (was in Ordnung ist, soweit sie innerhalb der Szenen bleibt und nicht völlig unbeteiligte Fans trifft, das nur am Rande). Weil diese Fahne im Rückspiel im Februar 2008 von den Gästefans im Block der Curva entdeckt wurde, schritt die Polizei nach Abpfiff zum Einsatz. Mit voller Einsatzstärke betrat sie den Block, wo es augenblicklich zu einer völligen Eskalation kam. Fahnenstangen flogen in Richtung der Beamten, die wiederum gingen auch nicht zimperlich vor. Es war ein totales Desaster; und das nur wegen einer geklauten Fahne. Der Einsatz bildete den Auftakt zu einer noch größeren Auseinandersetzung.

Wenige Wochen später, am 9. März 2008, durchsuchte die Polizei nach dem „Fahnen-Gate" und wegen eines „begründeten Verdachts" auf Lagerung von pyrotechnischen Erzeugnissen die Räume der Curva an der Nieberdingstraße und ging weniger höflich mit den dort anwesenden Fans um. Mit Kabelbindern wurden die 16 Mitglieder fixiert. Das war für die Szene ein Schock, bisher war es lediglich im Stadion zu Konfrontationen gekommen. Die als „Stürmung" empfundene Hausdurchsuchung war dem Gefühl der Fans nach eine Grenzüberschreitung. Der Einsatz in Münster fand bundesweit ein Echo in den Fankurven. In München formulierte die Schickeria *Solidarität mit Münster,* in Dortmund wurde ein Banner FREIHEIT FÜR DIE CURVA MS gezeigt. Beim FC St. Pauli hieß es NIEMALS AUFGEBEN, CURVA MONASTERIA. Ähnliche Banner wurden auch in anderen Stadien präsentiert.

Die Aktion bekam im Stadion eine unerwünschte Zugabe. In der Oberliga war die U23 des FC Schalke zu Gast, aber aus Protest über den Polizeieinsatz blieb die Kurve stumm. Über 6.300 Zuschauer sahen ein echtes Spitzenspiel gegen den Tabellenführer aus Gelsenkirchen, welches der SCP dank eines späten Treffers von Marius Sowislo mit 1:0 gewann. Aber wegen des Support-Boykotts und der Solidarität anderer Zuschauer im Stadion blieb die Stimmung seltsam gedämpft.

Dass bei der groß angelegten Durchsuchung des Curva-Hauses lediglich eine „geringe Menge pyrotechnischer Artikel" (Presseerklärung von Staatsanwaltschaft und Polizei vom 10. März 2008) sichergestellt wurde, passte aus Sicht der betroffenen Fans ins Bild.

Bundesweite Repressionen

Münster stand mit dieser Situation nicht allein da. Rund um die Vorfälle in Münster wurden Mitte März 2008 rund 190 Schalke-Fans auf dem Weg zur Glückauf-Kampfbahn gestoppt und „erkennungsdienstlich behandelt". Anlass? Die Dortmunder Polizei hatte um Amtshilfe gebeten, wollte Gesichter abgleichen, um Aus-

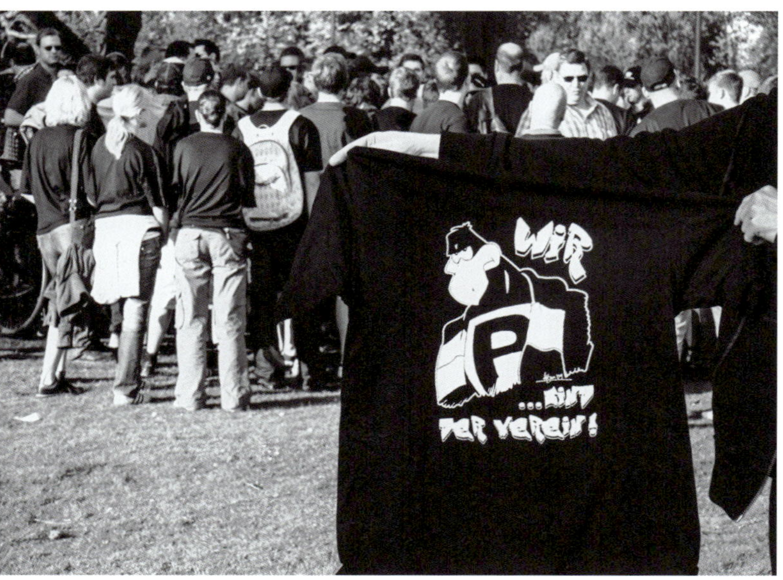

Protest, formuliert auf einem T-Shirt. „Wir sind der Verein!"

einandersetzungen beim Revierderby in Dortmund im Februar 2008 aufzuklären. In der Schalker Nordkurve blieb es anschließend aus Protest stumm. Fans und Polizei, dieses Verhältnis ist zerrüttet. Über die Jahre wurde der Ton schärfer, die Repressalien immer spürbarer. Normale Stadionbesucher können sich davon kein Bild machen.

Immerhin hielt der SC Preußen Münster im Frühjahr 2008 zu seinen Fans. Präsidiumsmitglied Georg Krimphove betonte, der Klub sei von der Polizeiaktion selbst überrascht gewesen. Die heftigen Diskussionen führten dazu, dass die Polizei den Medienvertretern der Stadt ein Video vom Einsatz im Fanblock vorführte. „Der Grad der Mobilisierung bei den Fans war beachtlich hoch", wurde Polizeipräsident Hubert Wimber in der Münsterschen Zeitung zitiert. Und Preußens Teammanager Carsten Gockel gab sich an gleicher Stelle „geschockt": „Man hat klar gesehen, was da für eine Gewalt ausgeübt wurde." Von Fans, meinte Gockel.

Wer weiß, welchen Schaden all das innerhalb der Curva anrichtete. Sicher ist: Die gemeinsame Kurve bekam ihre eigenen Risse. Und wie so oft ging es dabei um Menschen und ihre unterschiedlichen Ideen und Vorstellungen. Einzelne Mitglieder kamen nicht mehr überein, die Curva wurde zur zersplitterten Gruppe. Anfang 2009 eskalierte der kurveninterne Zwist. Aus eins mach zwei: Einen Teil der Fans zog es unter ein neues Dach.

Die Deviants, die Abweichler, entstanden. Nur ein paar Meter neben den Resten der alten Curva, aber emotional spürbar getrennt. Von da an entwickelte sich auch Stress zwischen den Gruppierungen. Ein Streit, der über viele Jahre für Verwunderung in Fußball-Deutschland sorgte, wenngleich Münster nicht der einzige Klub war, in dem verschiedene Strömungen in der Fanszene existierten. Vielleicht war es in Münster wegen der zahlenmäßig kleineren Gruppen etwas augenfälliger.

Zwei Gruppen, durch wenige Meter getrennt, mit jeweils eigenen Choreos, eigenen Gesängen. Nebeneinander, nicht miteinander. Ein Zustand, der schon bald auch für nervige Begleitumstände sorgte. Wo immer der SCP auflief, standen Beamte direkt bereit, um nicht nur andere vor den Preußenanhängern zu schützen, sondern auch beide Gruppen voneinander zu trennen. Handgreiflichkeiten waren nicht selten, da gab es einiges auf die Mappe. All das wuchs sich zu heftigen Abstoßungsreaktionen aus. Zwischen den Fangruppen, zwischen Fans und Verein. Als der im Frühjahr 2009 zu einem klärenden Fanstammtisch in die Mensa bat, sammelten sich weite Teile der aktiven Fanszene lieber erst einmal draußen am Aasee. Zum Fanstammtisch liefen viele Fans demonstrativ mit einem schwarzen T-Shirt und einer nachdrücklichen Ansage: *Wir sind der Verein!* Das war ein deutliches Zeichen für eine längst spürbare Entfremdung zwischen Fans und Klub.

Waffenruhe

Der sportliche Aufbruch des SC Preußen in der neuen Regionalliga beruhigte die Lage etwas. Oberflächlich herrschte so etwas wie Waffenruhe, wenngleich hier und dort Kritik aufkam. Dass die Preußen 2010/2011 eine starke Aufstiegssaison unter Marc Fascher hinlegten, half dabei erheblich. Endlich! Nach Jahren der Stagnation durften auch die Fans wieder jubeln.

Wie fragil das Verhältnis blieb, zeigte sich schon kurz nach dem Aufstieg. Tatsächlich kann man die Zerrüttung ziemlich genau an einen Moment knüpfen. Da schrieben die Westfälischen Nachrichten nach einem Spiel der Preußen gegen Chemnitz über einen kleinen Wutanfall des Aufsichtsratsvorsitzenden Thomas Bäumer, der sich über Auswechslungen von Marc Fascher erregte (siehe auch das Kapitel über die Dritte Liga). Ein paar deftige Worte fielen offenbar, auch durchaus hörbar für andere Besucher des Spiels. So fand die Geschichte den Weg in die Öffentlichkeit. Da kratzte einer am Denkmal des Aufstiegstrainers. Ein paar Jahre später führte ich ein Interview mit Bäumer, der die Situation rückblickend so bewertete: „Ich war nach dem Punktverlust stinksauer, bin durch den Spielertunnel gelaufen und da hat das jemand aufgeschnappt und so stand es dann in der Zeitung. Das ist halt so im Fußball. Da herrscht nicht immer Schmuse-Ton.“ Mit dieser Einschätzung lag der Aufsichtsratsboss richtig. Schmuse-Ton gab es fortan auch nicht mehr aus der aktiven Fanszene.

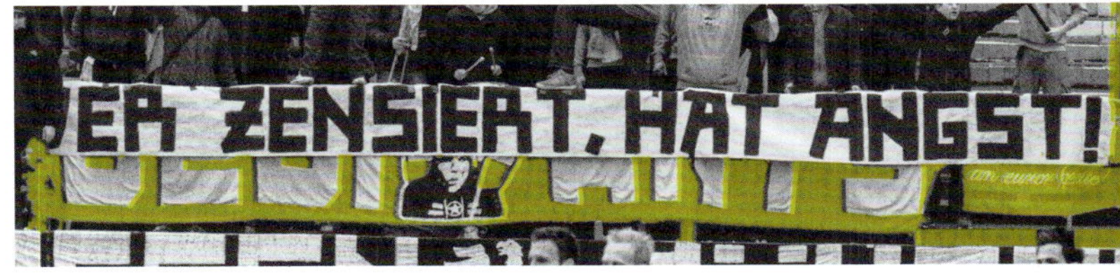

Banner zum Heimspiel gegen Darmstadt.

Beim nächsten Spiel hing in der Kurve ein großes Banner mit Kritik an einem „inszenierten Interview“. Das bisher einzige Transparent, das ich in meiner Zeit als Reporter „provoziert“ habe. Inszeniert war das sicher nicht, aber Bäumer war (und ist) eben auch einer, der um die Wirkung von Worten weiß und kritische Themen eloquent zerredet. Dabei ging es im Zwist zwischen Fans und Verein nicht nur um Thomas Bäumer. Da kamen viele Dinge zusammen. Beispielsweise das grundsätzliche Problem, dass im Präsidium zwischendurch ein Mann für die Belange der Fans zuständig war, der zugleich die Sponsoren betreute. Siggi Höing hatte den inoffiziellen Posten des Fanbeauftragten im Präsidium von Georg Krimphove übernommen, der im August 2014 leicht entnervt das Präsidium verließ. Sein Nachfolger Siggi Höing war indes niemand, vor dem die Szene zittern musste. Höing war großzügig, ansprechbar, manchmal impulsiv, aber sicher nicht nachtragend. Er vertrat aber auch den Verein, der sich wiederum den Verbands-Regeln beugen musste. Das ist schon im Grundsatz ein schwieriger Spagat und in der Doppelrolle als Sponsoren-Beauftragter sicher nicht einfacher. Höing stand nicht im Zentrum. Das war Thomas Bäumer. An ihm arbeitete sich die Szene ab, das sah auch der Aufsichtsratschef so, der sich als „Zielscheibe“ empfand. „In allen Hierarchien muss man sich reiben an jemandem und das halte ich für normal“, sagte er. Hielt er das für so normal? Wann immer möglich, trug schließlich auch Bäumer zur Verschärfung des Tons bei.

Es gab nach der Entlassung von Fascher einen Fanstammtisch, in dem Bäumer über den SC Preußen als „mein Baby“ sprach. Das war sicher nicht besitzergreifend gemeint, aber genau so kam es draußen an. Bäumer und sein SCP, und der Rest hat nichts zu melden. In den Wochen und Monaten danach verstärkte sich die Kritik im Stadion. „Bäumer raus“ war als Protest immer häufiger und lauter zu hören. Und zu lesen war es auch. Auf großen Bannern in der Kurve, teilweise auch in eher unhöflichen Worten. Beim Heimspiel gegen Werder Bremen II hängten Ordner diese kritischen Transparente einfach ab. Das sorgte nur für noch mehr Stress. Nicht die Spieler, sondern ihr seid das Problem! Vorstand & Bäumer raus! war im gleichen Spiel oben im Block zu lesen. Die Abneigung beruhte sicher auf Gegenseitigkeit, denn die ganze Debatte eskalierte. In praktisch jedem Heimspiel wurden Banner irgendeiner Art gezeigt, in der Botschaft identisch. Raus, raus, raus. Gerüchte wurden verbreitet, nach denen Thomas Bäumer persönlich dafür Sorge getragen habe, dass jedes kritische Banner entfernt wurde. Beim Heimspiel gegen den SV Darmstadt trat tatsächlich die Security (später auch Polizeibeamte) im Block der Deviants an, weil dort ein Banner zur „Zensur“ hing.

Nachdem sich der Klub über die zunehmende Direktheit der Botschaften beklagt hatte, hing im gleichen Spiel auch noch ein neues Banner im Stadion: Sehr geehrter Herr Bäumer, bitte verlassen Sie zeitnah unseren Verein! Mit freundlichen Grüßen, Deviants Ultras. Wer sagt, dass die Szene keinen Humor hat?

Bis zum Saisonende 2011/2012 hielt der Protest an. Noch in den letzten beiden Heimspielen erneuerte die Szene ihren Wunsch: Die Klasse gehalten, doch die Forderung bleibt: Vereinsführung raus! Das war ein Protest, der längst nicht mehr nur

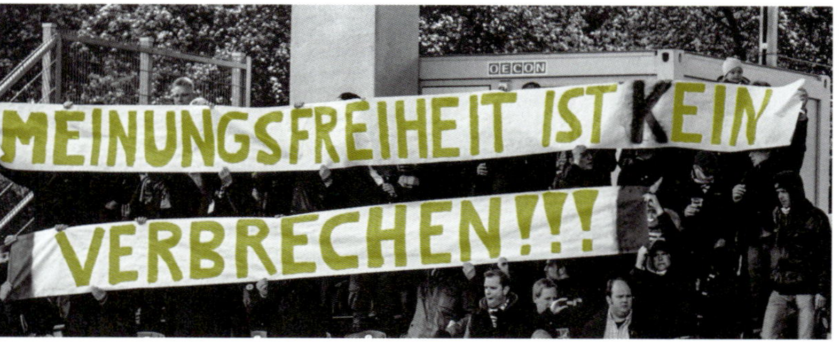

Solidarität-Banner im A-Block beim Heimspiel gegen Offenbach.

bei den Deviants formuliert wurde. Vom unablässigen Theater generyt, solidarisierten sich auch andere Fans mit der Kurve. Im A-Block hing gegen Offenbach das Banner: MEINUNGSFREIHEIT IST KEIN VERBRECHEN.

Auf dem Kriegspfad

Überall brannte es lichterloh im Verhältnis zwischen Klub und Fans. Kaum war diese Saison beendet, legte der Deutsche Fußball-Bund (DFB) Feuer an eine andere Lunte. Im Sommer 2012 diskutierte Fußball-Deutschland über längere Stadionverbote und brachte dabei auch die Frage nach Stehplätzen wieder auf den Tisch. Auf einem Fußball-Sicherheitsgipfel Mitte Juli 2012 hatte DFB-Präsident Wolfgang Niersbach eine „Null-Toleranz-Politik" angekündigt. Nein, die Zahl der Gewalttaten im Umfeld von Fußballspielen sei nicht gestiegen, hieß es damals. Aber die Gewalt selbst sei deutlicher ausgeprägt. So behauptete es der DFB. Diese Debatte fand ihren Niederschlag auch im Preußenstadion. Diesmal war nicht der SC Preußen Adressat, aber irgendwie passte das alles zusammen. Hier der Verein, der kritischen Fans mit Repressalien drohte und zugleich der DFB mit einem neuen Anlauf für schärfere Strafen.

Schon im ersten Heimspiel der Saison gegen Chemnitz hingen wieder Banner im Stadion. SCHEISS DFB! SCHEISS POLIZEI! und DER FUSSBALL STIRBT DURCH EUREN SICHERHEITSWAHN! Das ging über Wochen so. Und wer weiß? Vielleicht sorgte das auch für eine „Jetzt erst recht"-Atmosphäre. Denn im Stadion brannte und qualmte es nun häufiger. Dabei waren die Preußenfans nicht solo auf „Kriegspfaden" unterwegs. Ironisch brachten es Darmstädter Fans im Januar 2013 auf den Punkt: WIR GEDENKEN DER HUNDERTEN TOTEN, DER MILLIONEN VERLETZTEN DER DIALOGBEREITSCHAFT! Eine Anspielung auf die drastischen Zahlen des DFB, der Deutschen Fußball-Liga (DFL) und der Polizeibehörden. Deren Drohkulissen passten nämlich selten zur realen Lage in den Stadien. In der Folge formierte sich in Deutschlands Szenen die Aktion *12.12* (eine Anspielung auf das Datum des umstrittenen DFL-Sicherheitspapiers).

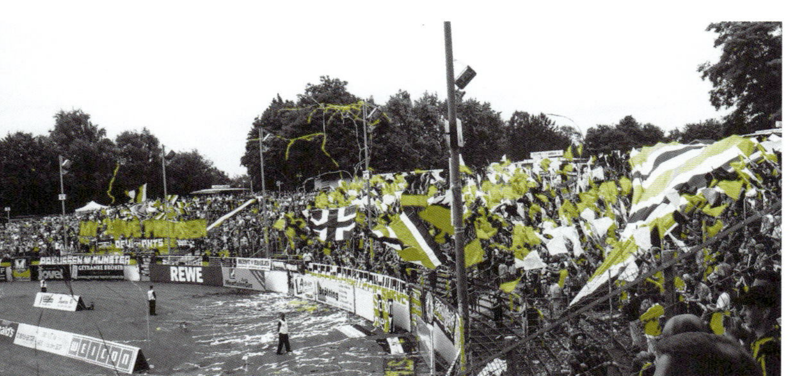

Die Fiffi-Gerritzen-Kurve 2013.

Mit Schweigeminuten und Support-Boykott protestierten Fans deutschlandweit gegen die ausufernde Diskussion. Auch in Münster schlossen sich die Deviants an. Beim Heimspiel gegen Darmstadt blieb ihr Block M zunächst leer. Aber wie das so ist: Weil der SCP in der Saison 2012/2013 eine phasenweise grandiose Spielzeit hinlegte, legte der Protest auf den Rängen im Saisonfinale eine Pause ein. Zudem entstand im Sommer 2012 im damaligen Preußen-Forum bei westline die Idee zur Aktion *Gemeinsame Kurve.* Um ein besseres Bild abzugeben und das Zusammengehörigkeitsgefühl der Kurve zu verbessern, sollten die Fans in der Ostkurve zusammenrücken.

Das Fass läuft über

Vergessen war nichts, der ganze Ballast aus den Jahren zuvor blieb über die Sommerpause 2013 an Bord und beschwerte den Start in die neue Saison. Bäumer und die Fans: Das war nicht mehr zu kitten. Auf beiden Seiten wurde gemotzt und geklagt und mit dem Finger gezeigt. Die teilweise deutlichen Banner gehörten im Stadion in den folgenden Monaten zum festen Begleitprogramm. Das Fass zum Überlaufen brachte die Saison 2015/2016.

Im Oktober 2015 spielte der SCP gegen den F.C. Hansa Rostock, ein Flutlichtspiel. Offenbar kam in der Fanszene alles zusammen. In einem Akt der totalen Selbstaufgabe brannte im Block der Preußen reichlich Pyro und dann präsentierten die Fans das längst legendäre Banner FICKT EUCH ALLE! Das war Verzweiflung pur, längst waren alle müde und es fühlte sich an wie der Abschied der Ultra-Szene. Natürlich musste der SCP auf diese Entgleisung reagieren. Noch vor irgendeiner Maßnahme des DFB sperrte er die entsprechenden Blöcke M und N für das Heimspiel gegen Kiel. Der Verband kassierte kurz danach eine laufende Bewährung ein und verdonnerte den SCP einige Wochen später zu einer Kurvenschließung gegen Aue.

Natürlich hinterließ der Herbst 2015 deutliche Spuren. Auf der Mitgliederversammlung im Winter beschimpfte Thomas Bäumer erst die Ultra-Szene als „Totengräber" des Vereins, nannte die Banner beleidigend und inakzeptabel und behauptete, die „Ausschreitungen der Ultras" würden ein angenehmes Stadionerlebnis unmöglich machen. Dann erklärte er, dass er sich nicht für den Aufsichtsrat zur Wahl stelle. Die Kritiker könnten ja selbst sehen, ob sie es besser hinbekämen. Der Großteil der Mitglieder stand fest an der Seite von Bäumer, der Dauerprotest der Fanszene hatte natürlich auch Narben hinterlassen bei all jenen, die zu dem Theater gar keinen persönlichen Bezug hatten. Das merkte man im Stadion immer häufiger. In den hitzigen Momenten stand im Preußenstadion schon einmal jeder gegen jeden: *Ultras raus* brüllten tausende, während jene Ultras *Vorstand raus* brüllten. Das war anstrengend, mehr als alles andere.

Hier kommt Trick 17: Kurz nach der Mitgliederversammlung war Thomas Bäumer doch wieder da. Nachberufen vom Aufsichtsrat und gleich wieder zum Vorsitzenden ernannt. So hatte es Bäumer selbst angedeutet. Wie das in der Fanszene ankam? DIE MACHT ERSCHLICHEN, AUF DIE MITGLIEDER GESCHISSEN, BÄUMER, DICH WIRD KEINER VERMISSEN. Nein, da war nichts mehr zu retten. Und am Ende war es wohl auch Bäumer zu viel. Im Sommer, nachdem seit einigen Wochen Gerüchte kursierten, gab er seinen Abschied vom SCP offiziell bekannt. Gemeinsam mit Präsident Georg Krimphove (der den Verbleib von Bäumer stets zur Bedingung gemacht hatte), teilte er mit, dass er zum Ende des Mandats nicht mehr für ein Amt zur Verfügung stehe. „Thomas und ich sind ungefähr gleich alt, wir hatten wohl die gleichen Gedanken. Abgesprochen war das nicht, aber der Entschluss ist der gleiche", so Krimphove in den Westfälischen Nachrichten.

Ende 2016 sollte also eine Ära enden. Die einen sahen es (zumindest mit Blick auf den Aufsichtsrat) mit Erleichterung, die anderen mit Sorge. Zum Abschied hinterließ der Aufsichtsrat einen Deal mit dem Vermarkter Lagardére (heute wieder Sportfive). Der Klub sollte dauerhaft gesichert werden und für die Vermarktung sollte der riesige Partner neue Möglichkeiten erschließen. Dafür musste sich der SCP von seinem bisherigen Partner trennen, der Agentur von Dirk Kugel. Teuer genug wurde dieser Abschied, daran hatte man sich in Münster ja schon gewöhnt. In der Kurve fand man wieder klare Worte. Die „Machenschaften" würden schon ans Licht kommen. Immerhin: Der Bäumer-Abschied sorgte endlich für Ruhe. Wann immer es jetzt noch Streit gab, ging es um harmlosere Themen, beispielsweise den sportlichen Absturz in der Dritten Liga.

Fanprojekt / Fanbeirat / Fanrat

Natürlich gab es im Binnenverhältnis Fans und Klub andere Baustellen. Eine schwierige Rolle spielt traditionell das Fanprojekt, weil es um einen Spagat geht. Das Fanprojekt ist ein Teil des Vereins, soll aber zugleich eine Anlaufstelle für die Fans sein. Für alle. Damit steht das Fanprojekt naturgemäß oft zwischen beiden Seiten. Dem Verein muss es auf die Nerven fallen, den Fans geht es oft nicht weit oder deutlich genug. Das Jahr 2014 war ein besonders auffälliger Bruch. Schon seit etwa 2011 wuchs in der Fanszene die Idee, mehr Einfluss im Verein zu bekommen. Dabei ging es um die grundsätzliche Idee, den Fanthemen mehr Relevanz und Gehör in der Klubführung zu verschaffen. Ein erster Versuch war ein Antrag auf Satzungsänderung: Kandidaten für den Aufsichtsrat sollten sich direkt den Mitgliedern zur Wahl stellen dürfen und nicht erst vom Ehrenrat geprüft und dann „freigegeben" werden. Der Antrag, obwohl ausdrücklich nicht als Misstrauensvotum gedacht, scheiterte im Dezember 2012. Die Initiatoren blieben aber am Ball. Aus dem Fanbeirat erwuchs im Sommer 2013 die Idee „Fanrat". Gewählt von Mitgliedern des Fanprojekts, sollte der als

Ansprechpartner für den Verein gelten. Der Fanrat sollte die Sorgen, Nöte, Anregungen, auch die Kritik aus Fankreisen an den Verein weitervermitteln. Um es kurz zu machen: Es wurde nie etwas daraus, nur der Gedanke blieb aktiv. Tatsächlich überraschte der SC Preußen Münster am Ende selbst mit der entsprechenden Personalie. Im Januar 2017 stellte er Burkhard Brüx als Fanbeirat und Vermittler vor. In der Mitteilung des Klubs hieß es: „Es gilt die Kommunikation auf allen Ebenen zu verbessern. Der Fanbeirat wird beratend agieren, regelmäßig an Vorstandssitzungen teilnehmen und so versuchen, die Informationen, Wünsche und Anregungen aus Fankreisen an den Vorstand weiterzuleiten. Nun können mit Friedrich Lukas, der vor kurzem von den Mitgliedern in den Aufsichtsrat gewählt wurde, und Burkhard Brüx zwei Fanvertreter an den Entscheidungen, die im Verein getroffen werden, gezielt mitwirken." Friedrich Lukas nannte der Klub hier zwar einen „Fanvertreter", Lukas selbst sah sich aber nie so. Im Dezember 2016, bei der ersten echten Wahl der neuen Führungsriege, erhielt er von den Mitgliedern den Vorzug vor Jochen Terhaar. Lukas hatte nie einen Hehl daraus gemacht, sich in der Kurve wohl(er) zu fühlen als bei Lachs-Häppchen. Aber auf einen reinen Fanvertreter reduzieren lassen wollte er sich auch nicht. Drei Jahre blieb er im Aufsichtsrat, 2020 trat er nicht wieder an. Brüx blieb und rückte im Mai 2018 sogar als vollwertiges Mitglied ins Vereinspräsidium auf.

Noch etwas Interessantes gibt es zum Verhältnis des Klubs zu seinen Fans zu sagen. Im Frühjahr 2020, als der DFB mit aller Macht die Dritte Liga fortsetzte, schrieb der frühere Präsident Georg Krimphove dem DFB-Chef Fritz Keller einen Offenen Brief. Darin äußerte er sein Unverständnis für viele Entscheidungen im Verband. Krimphove: „Besonders Maßnahmen, die die Fanszene betrafen und betreffen, haben bei mir häufig Kopfschütteln ausgelöst. Versprechen wurden nicht gehalten, Absprachen über den Haufen geworfen und der Dialog mit der Fan- und Ultra-Szene häufig halbherzig und unehrlich geführt. Ich muss mir selbst vorwerfen, mich in dieser Zeit zu selten gegen die Repressalien seitens des DFB gegen Vereine und Fanszene gewehrt zu haben und meine Stimme nicht lauter erhoben zu haben. Dafür kann ich mich bei Teilen der Fanszene heute nur entschuldigen." Gleichwohl verband Krimphove die Kritik auch mit einer Mahnung in Richtung Fans, die sich leider nicht immer sehr kooperativ verhalten hätten und damit einen Beitrag zu den Problemen geleistet hätten. Dennoch: Bemerkenswert klare Äußerungen von jemandem, der nun wirklich lange genug in vorderster Reihe gestanden hatte. Auch mit Blick auf die Rolle, die Georg Krimphove lange eingenommen hatte. Im Vereinspräsidium war er (neben Siggi Höing) einer der wenigen, die ein echtes Verständnis für die Bedürfnisse und Wünsche der Fanszene hatten. Krimphoves Wille, zu vermitteln, wurde oft durch Pyro-Aktionen oder andere Vorfälle torpediert. Das machte die Überzeugungsarbeit für ihn immer schwieriger. Am Ende war das einer der Gründe für seinen Rückzug im August 2014. Die ständigen kleinen und großen Auseinandersetzungen waren nicht alleinige Ursachen seines Abschieds, trugen aber dazu bei. „Es ist so, wenn man nichts bewegen kann, muss man die Konsequenzen selbst ziehen", erklärte er anschließend in den Westfälischen Nachrichten.

Das Fanprojekt selbst muss bis heute auch seine eigene Rolle immer neu definieren. Im Zuge der Diskussion um einen Fanrat war es auch Wunsch des Fanprojekts, sich innerhalb der Fanszene neu aufzustellen. Dazu sollte aus dem Fanprojekt eine Art Supporters Club oder ein Dachverband werden. Damit wollte man näher in Richtung Fans rücken und etwas Abstand zum Verein gewinnen. Zudem existierte mit dem FANport schon ein sozialpädagogisches Fanprojekt. Nach hitzigen Debatten und einigen heftigen Auseinandersetzungen zwischen alten und neuen Mitgliedern des Fanprojekts wurde die Idee über einen veränderten Kurs begraben. Alles blieb beim Alten und seit Ende 2014 herrscht eigentlich wieder Ruhe.

Die Arbeit und viele Themen lagen weiterhin an. Die kollektiven Gästeverbote für die Derbys in der Saison 2015/2016, vor allem aber der Fall Roland Böckmann sorgten für Ärger. Der frühere Sicherheitsbeauftragte genoss im Klub einen hervorragenden Ruf und pflegte gute Kontakte in die Fanszene. Unter Böckmann nahm der SCP als einer von fünf Klubs deutschlandweit an einem Pilotprojekt des DFB teil, in dem es um die heute ganz normale

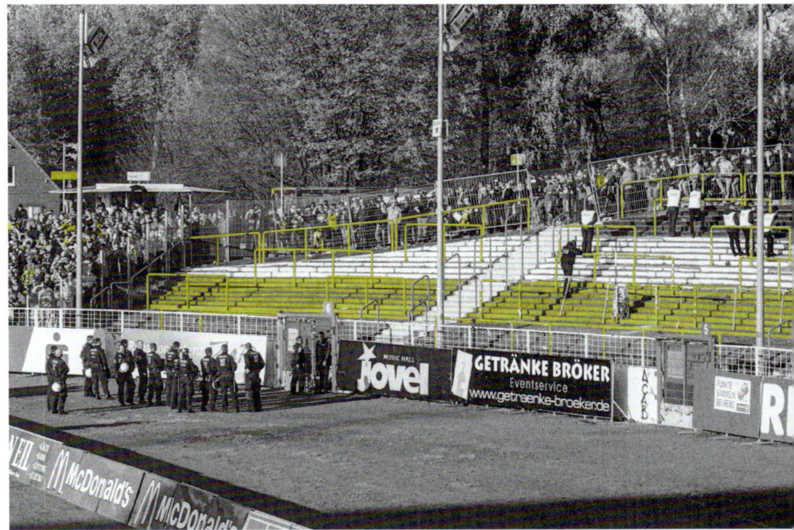

Im Heimspiel gegen Holstein Kiel im Oktober 2015 hatte der SC Preußen die Ostkurve gesperrt.

Sicherheitszertifizierung ging. Das war alles gut, bis die Polizei in Münster Böckmann ins Visier nahm – wegen des Verdachts einer „Strafvereitelung". Böckmann habe angeblich Anhänger aus der Ultra-Szene gegenüber der Polizei nicht identifiziert, obschon er sie hätte kennen müssen. Ziemlich rabiat und erbarmungslos gingen die Ermittler in dieser Sache vor – Hausdurchsuchung in den Büros des SCP inklusive. Das war ein durch und durch skandalöser Vorgang, der wenige Wochen später noch schlimmer wurde, weil die 2. Strafkammer des Landgerichts Münster den Durchsuchungsbefehl aufhob. Böckmann ging später umfassend rehabilitiert aus der Sache raus, aber sein Job beim SCP war kaputt. Um sich selbst und den Klub aus dem Fokus zu nehmen, war Böckmann nach 13 Jahren bei den Preußen zurückgetreten. Später bekam er vom Landgericht schwarz auf weiß, nicht „wahrheitswidrig" gehandelt zu haben. Mehr noch: Möglicherweise sei dieser Ausgang den Behörden sogar klar gewesen. Von einem „Bauernopfer" sprach Böckmanns Anwalt gegenüber den Westfälischen Nachrichten.

Das Vorgehen der Polizei trieb einen tiefen Keil in die ohnehin schwierige Beziehung der Fanszene zu ihr. Wochen später kündigte das Fanprojekt an, den Dialog mit der Polizei vorerst auszusetzen. Das Fanprojekt schrieb damals, dass der eingetragene Verein seine Mitarbeit in den Arbeitskreisen des Örtlichen Ausschuss Sport und Sicherheit (ÖASS) einstellen werde. Bis dahin hatten sich Fanvertreter in zwei von drei Arbeitskreisen beteiligt – in den Bereichen „Stadionsicherheit" und „Fandialog". Der ÖASS war 2011 auf Initiative des Polizeipräsidiums Münster ins Leben gerufen worden. Dabei sollten die Einbindung und Beteiligung der Fußballfans eine hohe Priorität genießen. „Die radikale Vorgehensweise von Polizei und Staatsanwaltschaft in den vergangenen Wochen auch gegen Angestellte von Preußen Münster hat uns klar gemacht, dass von dieser Seite kein Dialog auf Augenhöhe gewünscht ist", erklärte der damalige Fanprojekt-Vorsitzender Benny Sicking. Die Arbeit der Polizei mache offensichtlich, dass dort keine Basis für die Zusammenarbeit gesehen werde. Außerdem bemängelte Sicking, dass das Vertrauen zerstört sei: „Folgerichtig stehen wir aktuell nicht mehr zur Verfügung. Die Strafverfolgungsbehörden in Münster müssen dringend ihre Handlungen überdenken."

Dass parallel zur „Causa Böckmann" die Position des Veranstaltungsleiters mit einem ehemaligen Polizisten besetzt wurde, sorgte für eine völlige Verweigerungshaltung aus der aktiven Fanszene.

Ausblick

Gesprächsangebote verhallten, eine Normalisierung des Verhältnisses steht noch aus. Das erleichtert natürlich gar nichts. Dauerthemen wie Pyrotechnik oder Stadionverbote (wobei das eine vom anderen beeinflusst wird) werden den Klub auch in den kommenden Jahren begleiten. Das gehört zum Alltag im Fußball. Der SC Preußen wäre wohl gut beraten, wenn er das Thema auf kleiner Flamme kocht. So war es in den vergangenen Jahren schon zu hören. Ein gewisses Maß an Pyrotechnik kann und wird der Klub aushalten. Auch im Wissen darum, dass es hier schlichtweg keine

Lösung geben wird. Eine informelle Ebene zu finden, auf der ein Kompromiss funktionieren kann, wäre sicher hilfreich. Vielleicht bietet die Regionalliga, etwas unterhalb der medial sichtbaren Dritten Liga, hier eine kleine Chance. Nach den hektischen Jahren wäre das nicht das Schlechteste.

Hausgemachte Probleme

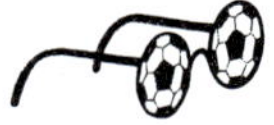

Das Auf und Ab beim SC Preußen Münster hat viele Gründe. Dem Klub fehlte oft eine Linie, ein grundsätzliches Verständnis und Selbstbild, das Ziele definiert. Ein Selbstbild, das vor allem auch Personalwechsel überdauert. Dafür fehlte es überall an Struktur. Die personellen Kapazitäten des Klubs sind knapp, hier wird das Tagesgeschäft an der Unterkante der Möglichkeiten bearbeitet. Es fehlt Kraft und Zeit, um jede Baustelle gleichermaßen zu bearbeiten. Unter Malte Metzelder versuchte der Klub, diese internen Strukturen zu verbessern – das Scouting wurde neu aufgestellt, die Geschäftsstelle gestrafft. Am Ende fehlten die Möglichkeiten, um das nachhaltig durchzuziehen. Wer auch immer in der Klubführung tätig war – die verschiedenen Persönlichkeiten prägten auch den Kurs des Klubs. Es gab die Verwalter, die Ehrgeizigen, die Besonnenen. Sie alle trieb der Wunsch, den Verein in sichere Gewässer zu führen, mit völlig unterschiedlichen Ansätzen. Mit jedem Wechsel zog auch ein Wandel ein. Wenig war auf Dauer angelegt.

Und es gibt dieses schwer erklärbare Phänomen, erst zu handeln und dann zu fragen. Eine ständige Folge von Aktion und Reaktion, leider in der falschen Reihenfolge. Zur Ehrenrettung aller sei gesagt, dass dieses Phänomen wahrlich nicht auf einzelne Personen beschränkt war (oder auf den SCP insgesamt), sondern sich seit Jahren durchzieht. Die Beispiele dafür sind reichlich. In lockerer, nicht chronologischer Reihenfolge: Da war ein manchmal seltsamer Umgang mit Spielern. Bis heute unvergessen ist, dass Sportvorstand Carsten Gockel den Abgang von Publikumsliebling Michael Joswig mal als „keinen Beinbruch" bezeichnete. Da war aber mächtig Ärger im Umfeld. Spieler wie Julian Riedel freuen sich noch heute diebisch über jede Niederlage der Adler. Nein, das hat der SCP nicht exklusiv und natürlich tragen auch die Spieler selbst dazu bei. Aber es ist auffällig, dass solche Dinge immer wieder passieren. Als Carsten Becker nach fünf Jahren im Preußen-Dress den SCP verließ, mussten die Fans mangels vernünftiger Verabschiedung selbst zu Stift und Schere greifen. Becker marschierte nach dem letzten Spieltag mit einem gewaltigen Doppelhalter mit seiner Trikotnummer darauf durch das Stadion.

Manchmal fehlt es dem Klub ein bisschen an Sensibilität und Gespür für das, was da draußen passiert. Stichwort *Adlergate*. Meine Güte, was für ein Debakel. Im Willen, den gesamten Klub nach der Ausgliederung zu professionalisieren, hatte es Überlegungen gegeben, das Vereinslogo etwas moderner zu gestalten. Das hatte einerseits den Hintergedanken, das Logo in verschiedenen Medien und Plattformen besser verwenden zu können, zum anderen den schlichten Wunsch, den Wandel nach außen zu dokumentieren. Im Juni 2018 überraschte der Klub Fans und Freunde mit einem neuen Klublogo. So beschrieb der SCP die Maßnahme: „Gemeinsam mit der renommierten Hamburger Agentur Jung von Matt wurde das bisherige Logo so weiterentwickelt, dass es den Anforderungen eines modernen kommunikativen Auftritts entspricht, ohne seinen identitätsstiftenden Charakter zu verlieren. Besonderer Wert wurde dabei auf eine reduzierte Illustration gelegt, die auf überflüssige Details verzichtet."

Eine Mitteilung, die auf so vielen Ebenen Bände spricht.

Fans haben eine sehr eigene Meinung dazu, was „überflüssige Details" sind. Aus dem kräftigen Adler war nämlich ein geschrumpftes Flattermännchen geworden – kantiger als die kindische Taube, die in den Neunzigerjahren verwendet wurde, aber allemal gestutzt und gerupft. Das alles ging auf die Kappe der Werbeagentur Jung von Matt, in der Aufsichtsrat Christoph Metzelder damals noch tätig war. Es zeigte sich einmal mehr, dass im Fußball mit ein paar seelenlosen Pinselstrichen mehr Schaden anzurichten ist als mit drei Gegentoren. Auf der Webseite Designtagebuch.de wurde das neue Logo so beurteilt: „Wie mir scheint, ist man bei der Reduktion des Wappentiers weit übers Ziel hinausgeschossen. Denn aus dem stolzen, grundsätzlich wohlproportionierten Adler, der kraftvoll seine Schwingen ausbreitet, ist ein gerupftes Huhn geworden, das um einen Kopf kürzer gemacht, nun in einem Käfig kauert."

Was für ein „Evolutionslogo", herrjeh! Die Empörung über den überraschenden Eingriff war – vorsichtig gesprochen – gewaltig. Um nicht zu sagen verheerend. Spott und Hohn brachen über den SC Preußen herein, es hagelte Kritik. In einer Petition forderten Fans die Rücknahme. So heftig wurde der Gegenwind, dass der Klub nach nicht einmal zwei Tagen einknickte und das Logo zurücknahm. „Dass der Verein dabei die Auswirkungen unterschätzt sowie Fans und Mitglieder nicht in die Überlegungen einbezogen hat, muss im Nachhinein als Fehler eingeräumt werden“, teilte der SCP zerknirscht mit. Dass bis dahin schon viele Merchandising-Artikel mit dem neuen Logo gedruckt waren, ist nur ein Teil dieser Mega-Pleite.

Die Kommunikation über dieses Desaster war auch nicht viel besser. Erst hieß es, niemand im Präsidium sei über das neue Logo informiert worden, dann musste man einräumen, dass man die ersten Entwürfe im Winter gesehen habe, aber das dann einfach habe laufen lassen. Am Ende nahm Präsident Christoph Strässer die Sache auf sich und verfasste eine quälend selbstkritische Entschuldigung für etwas, das gar nicht auf seine Kappe ging. Der Ärger und die Wut, die der SCP mit diesem Adlergate auf sich gezogen hatte, hinterließ bei Strässer spürbare Wunden. Schon damals stellte er sich die Sinnfrage und wollte alles hinwerfen, konnte aber zum Bleiben überredet werden.

Zusammen mit dem Logo verpasste der Klub sich auch einen modernen Slogan: *Tradition mit Zukunft*. Sicher harmlos in der Aussage, aber eben auch sehr beliebig. Jeder Traditionsklub zwischen Kiel und München könnte ihn führen. Tatsächlich gibt es sogar einen Klub, der exakt den gleichen Leitspruch verwendet. Das ist der FSV Wacker Nordhausen, aber der ging 2020 in die Insolvenz. In eine schöne Gesellschaft hatte sich der SCP da begeben.

Und das Logo? Das wollte der SCP grundsätzlich weiterhin auf einen „zeitgemäßen“ Stand bringen, allerdings „nur gemeinsam“, wie der Klub mitteilte. Bis zum Sommer 2020 gab es keinen neuen Anlauf.

Manchmal liegt es am fehlenden Personal, manchmal daran, dass dem Klub das Verständnis dafür abgeht, was Fans erwarten. Das ist gar nicht viel. Nur etwas Aufmerksamkeit, etwas Zuwendung. Als die Preußen Anfang 2020 zum Auswärtsspiel nach Jena reisten, packte die Mannschaft für die mitreisenden Fans kleine Lunchpakete. Etwas Süßes, etwas zu trinken. Die Aktion dauerte 20 Minuten und wirkte für Wochen. Sie sorgte für ein „Wir“-Gefühl. Es braucht nur etwas. Zum Beispiel Fanstammtische. Die Möglichkeit, gehört zu werden und mal etwas loszuwerden.

Immer und immer wieder tappt der SCP in solche Fallen. Bei einem Heimspiel gegen Hansa Rostock verhängte der Klub ein allgemeines Alkoholverbot. Später erfuhren die Fans, dass auf der Haupttribüne „bei den VIPs“ Alkohol ausgeschenkt wurde. Der SC Preußen musste sich entschuldigen, das war peinlich. Und immer wieder Ärger, wenn es um Fanthemen ging. Das begann damit, dass die offiziellen Saisoneröffnungen immer seelenloser wurden. Tiefpunkt war eine „Party“, deren offizieller Teil nach 21 Minuten beendet war. Viel deutlicher kann man kaum signalisieren, welche Priorität solche Termine haben. Auch hier: Das ist gar nicht vorsätzlich oder böse, nur einfach … undurchdacht.

Viele andere Themen nerven. Dass man den Preußenfans im Heimspiel gegen Karlsruhe „ihre“ Gegengerade wegnahm, viele Dauerkarteninhaber und Stammgäste umziehen mussten, weil es beim Kartenverkauf einen kleinen Fehler gegeben hatte, beeinträchtigte das Klima spürbar. Im Sommer 2014 gab es auch so einen unnötigen Stress. Der Arbeitskreis Stadionsicherheit hatte einen Maßnahmenkatalog erarbeitet, welchen der Klub in der Sommerpause umsetzte. Inhalt unter anderem: Choreografien mussten angemeldet werden, Fahnen durften nur nach Erhalt eines Fahnenpasses mitgebracht werden, alle mobilen Verkaufsstände der Fans sollten entfernt werden, Handzettel oder Infoblätter durften nur nach vorheriger Genehmigung verteilt werden. So etwas in der Art halt. Dass der Klub diesen Katalog mit Auflagen ziemlich abrupt veröffentlichte, sorgte im Umfeld der Preußen für viel Aufregung. Während Sportvorstand Carsten Gockel in einem Interview mit westline.de sagte, „die Maßnahmen seien der Fanszene seit längerer Zeit“ bekannt, wies eben diese Szene das zurück. Man sei lediglich grundsätzlich über Maßnahmen informiert worden, aber nicht über deren Umfang. In der aktiven Fanszene brodelte es nach Bekanntwerden der Maßnahmen allemal. Prompt war für den Saisonauftakt gegen Hansa Rostock ein Support-Boykott angekündigt. „Der Maßnahmenkatalog mit seinen Richtlinien schießt weit über das hinaus, was der Vorstand als Richtlinien uns Fans verkaufen möchte. Die Richtlinien sind nichts weiter als Verbote. Verbote, die darauf abzielen, uns kollektiv zu bestrafen“, schrieben zahlreiche Fanclubs in einer gemeinsamen Erklärung. Natürlich ließ die Stellungnahme wie so oft auch den eigenen Anteil vermissen. Dass es Gründe und Anlässe gibt, die überhaupt zu solchen Aktionen führten, geht manchmal etwas unter, das muss man zugeben. Wie gesagt: Es steckt eben ein Muster dahinter.

Einen ähnlichen Ärger brockte sich der SCP zuletzt im Januar 2020 ein. Da wollte er den Heimblock O vom Rest der Ostkurve trennen. Hintergrund: Im Block O brannte es oft, man wollte jetzt besser kontrollieren können. Dass man mit der Blocksperre, die zudem ohne Einbeziehung des Fanbeirats Burkhard Brüx zustande kam, auch gleich Fans auseinanderriss, die seit Jahren in der Ostkurve gemeinsam stehen, war wohl ein Kollateralschaden. Auch diese Episode endete wie immer. Nachdem heftige Kritik laut wurde, kassierte der SCP die Entscheidung wieder ein, seitdem spricht kein Mensch mehr darüber.

Es ist der alte Kreislauf: Da wird etwas beschlossen oder umgesetzt, das weder vernünftig erklärt noch vermittelt wurde. Dann gibt es Kritik und die Maßnahme wird zurückgenommen oder verändert. Ein ständiges Reagieren, statt es gleich richtig zu machen.

Schock-
schwerenot!
Alles auf links

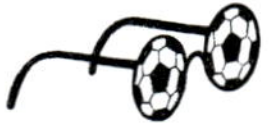

Thematisch passt perfekt in dieses Muster, was 2016 geschah. Die ernüchternde Saison 2015/2016 und die Grusel-Hinrunde 2016/2017 trieben den Wind der Veränderung (Schönen Gruß an die Scorpions) mit sich. Im Frühsommer hatten Georg Krimphove und Thomas Bäumer ihren Abschied zum Jahresende angekündigt. Im Spätsommer 2016 kursierten Gerüchte über den Einstieg eines neuen Teams, der Name Walther Seinsch wurde immer wieder genannt, das Thema Stadion schwebte über allem. Dass sich im Oktober 2016 die Ereignisse überschlugen, war der sportlichen Entwicklung geschuldet. Die erste Mannschaft taumelte dem Abstieg entgegen, Gerüchte über wirtschaftliche Probleme hielten sich. All das beschleunigte einen Übergang, der in Ruhe hätte vonstattengehen sollen. Jetzt lief alles Holterdipolter, der SC Preußen stürzte mehr vorwärts, als dass er achtsam steuerte. Aber in der Veränderung steckte eine Menge Hoffnung, von Seinsch hörte man Wunderdinge.

Den FC Augsburg hatte er als Präsident in die Bundesliga gehievt, als Kopf einer Investorengruppe. Im Hinterkopf der Preußenfans nistete sich der kleine Gedanke an eine andere Zukunft ein. Im Oktober platzte die Nachricht in die Öffentlichkeit. Das alte Präsidium trat ab, und ein neues Team übernahm. Zur Vorstellung hatte der Klub ins Unternehmen Coler am Albersloher Weg gebeten. Dessen Chef Fabian Roberg übernahm die Präsentation – und wurde zugleich als neuer Chef des Aufsichtsrates vorgestellt. Kurz vor der Präsentation waren alle Ämter besetzt und Amtsinhaber bestellt worden. Und mittendrin saß nun Christoph Strässer. Der neue Präsident. Einst war der SPD-Politiker im Rat der Stadt Münster vertreten, später lange im Bundestag, war Menschenrechtsbeauftragter der Bundesregierung. Ein seriöser Mann, dessen Beziehung zum SC Preußen Münster bis dahin weitestgehend unbekannt war. Weswegen ihn niemand auf dem Zettel hatte, möglicherweise nicht einmal er selbst. Da saß er nun, an der Seite von Fabian Roberg. Eine ganze Reihe von Herren im Anzug, zwei davon mit Sneakern: Christoph Metzelder und Walther Seinsch. Im neuen Präsidium war Siggi Höing der letzte Verbliebene, neben Christoph Strässer rückten Martin Jostmeier (Finanzen), Bernhard Niewöhner (Nachwuchs) und Walther Seinsch (Sport) ins Gremium.

Für den langjährigen Sportvorstand Carsten Gockel war kein Platz mehr, er wurde degradiert und sollte sich um administrative Dinge kümmern. Wir wissen: Die Idee war nicht gut, Gockel selbst sah das und warf knapp zwei Wochen später hin. Nach zehn Jahren verlor der SCP eines der bekanntesten Gesichter, einen Mann, der den Klub in allen Fragen nach außen vertreten hatte. Kein Stein blieb auf dem anderen, alles wurde erneuert.

Wir sind mehr als Dritte Liga

Das waren nur personelle Veränderungen. Nichts gegen das, was die neuen Gremien mit dem SC Preußen Münster planten. Roberg sprach über einen neuen SC Preußen. Einen, der eine Relevanz für die Stadt besitze. „Unser Grundsatz heißt: Münster braucht einen starken Sportverein", sprach Roberg. „Wir sind mehr als Dritte Liga." Da begann schon das Dilemma. Roberg skizzierte das Bild von der Stadt an der Seite des Klubs. „Münster gehört ins Stadion. Ein volles Stadion ist ein Bekenntnis zum Verein. Und das Bekenntnis zu einer Idee, dass wir nicht mehr lange in der Dritten Liga spielen wollen." Welch bittere Ironie.

Unbescheiden präsentierte sich der neue SCP. „Wir wollen bei jedem Heimspiel mehr Zuschauer als üblich." Und das in einer Zeit, als der SCP mit einem Bein in der Regionalliga stand. Dann ergriff Seinsch das Wort und drehte das ganz große Rad. Er wolle mit privaten Investoren ein neues Stadion errichten, bundesligatauglich, für 40.000 Zuschauer. Die Stadt Münster müsse dazu nur ein Grundstück zur Verfügung stellen. „Preußen Münster hat zwei Möglichkeiten: Wir bleiben an der Hammer Straße mit einer größeren Wahrscheinlichkeit des Abstiegs als des Aufstiegs in die Zweite Bundesliga. Die zweite Möglichkeit ist nach oben zu kommen: Mittelfristig in die Zweite Bundesliga und langfristig in die Bundesliga! Wir benötigen dafür die Ausgliederung der Profiabteilung in eine Kapitalgesellschaft und ein neues Stadion."

Das saß. Selten saß ein Klub derart zwischen den Stühlen. Links der Abstieg, rechts die Bundesliga. Das hörte sich alles trotzdem logisch und zwingend an. Dass der SCP mit seinem alten Stadion mit weniger als 3.000 Sitzplätzen einen erheblichen Wettbewerbsnachteil hat, lag und liegt heute umso mehr auf der Hand. Daher sollte alles ganz schnell gehen. Schon 2018 sollte mit dem Stadionbau begonnen werden, man brauche nur 220.000 Quadratmeter Fläche und zack, zack, einen Bebauungsplan. Dass der frühere Ratsherr Strässer das unwidersprochen hinnahm, war seltsam. Wie lange ein Bebauungsplan allein in Anspruch nehmen kann, wurde später sichtbar. Christoph Strässer versprach: „Ich will gar nicht über das Scheitern reden, sondern über das Gelingen. Was wir im Moment erleben, ist ein Kampf um Transparenz. Vernünftige Vorschläge können vor die Wand gefahren werden, wenn sie nicht transparent diskutiert werden. Wir werden die Fans an runden Tischen und weiteren Veranstaltungen einbinden, um eine größtmögliche Unterstützung der Anhänger zu erreichen. Durch sie lebt Preußen Münster."

Es war schwer, in dem ganzen Wortgeklirre einen klaren Kopf zu behalten. An die Stimmung erinnere ich mich aber noch gut. Selten war ein SC Preußen Münster derart forsch und zukunftsgewandt aufgetreten. Man hatte das Gefühl, dass nach Jahren einer gewissen Stagnation, sportlich wie wirtschaftlich, endlich ein Weg aufgezeichnet wurde, wie sich der SCP tatsächlich entwickeln könnte. Dass manches davon unrealistisch, unausgegoren, zu fantastisch klang, spielte im Oktober 2016 erst einmal keine Rolle.

Lachnummer Stadionneubau

Das öffentliche Echo war beeindruckend. Deutschlandweit wurden (vor allem) die Stadionpläne zur Kenntnis genommen, den Spott aus vielen Ecken konnte man ertragen. Das Problem wurde später deutlich. Mit den offenbar nicht abgestimmten Aussagen über einen Stadionneubau und den ständigen Verweisen auf die Bundesliga traf der SCP zwar bei seinen Fans einen Nerv, überall sonst aber sorgte das für Verwunderung. Und die großmannssüchtigen Pläne bekam die Klubführung nie wieder eingefangen. Bis heute gibt es Menschen, die jeden Stadionumbau in Frage stellen mit den Worten, warum denn ein mittelmäßiger Drittligist (und nun Regionalligist) ein Bundesliga-Stadion für 40.000 Fans brauche? Von Beginn an bekam die Diskussion über das Stadion den falschen Zungenschlag und wurde „draußen" missverstanden. Alle Herren waren mit guten Motiven angetreten, außerhalb der Vereinsgrenzen blieb der Eindruck hängen: Die spinnen, die Preußen.

Dazu kam, dass sich die neue Klubführung schneller als erwartet zerstritt. Im Aufsichtsrat knirschte es gewaltig, die Neuen gegen die Alten. Nach kurzer Zeit warf Fabian Roberg schon wieder hin. Aufgerieben im Streit mit Walther Seinsch trat er die Flucht an. Ausgerechnet er, der die Beziehung zur Stadtgesellschaft wieder vertiefen und neue Türen in der Wirtschaft öffnen sollte. Schwer vorstellbar, dass Roberg nach seinem schnellen Aus beim SCP allzu viel Gutes zu erzählen hatte.

Noch ein Problem trat auf, das 2016 nicht sichtbar war. Strässer kam mit dem falschen Parteibuch. Man kann das so simpel und flapsig formulieren. Die Erwartungshaltung war, dass Strässer durch seine gewaltige politische Erfahrung Brücken schlagen könnte. Tatsächlich zeigte vor allem die CDU in Münsters Rathaus deutlich Abwehrtendenzen gegen den SCP-Mann. Dass die SPD-Ratsfraktion sich anschließend auf die Seite der Neubau-Befürworter schlug und die CDU damit brüskierte, half überhaupt nicht. Das lag keinesfalls an Strässer selbst, das war Parteipolitik.

Neben der Stadion-Thematik ging es für den SC Preußen jetzt auch um den eingetragenen Verein: Die Lizenzspielerabteilung sollte ausgegliedert werden. Kein Investor werde Geld in einen e.V. geben, das sei ein Format aus dem vergangenen Jahrhundert. Ein moderner Klub müsse über moderne Strukturen verfügen, lautete das Credo. Die Diskussion über das Für und Wider verlief dabei nicht störungsfrei. Alles dauerte doppelt, dreimal so lang wie angekündigt. Auch das musste die neue Klubführung auf ihre Kappe nehmen. Mit Volldampf war sie in das Abenteuer Ausgliederung gestürzt, aber auch ohne Detailkenntnis.

Das Team hatte sich alles erst zu erarbeiten. Den Termin Sommer 2017 musste der SCP streichen und auf den Winter verschieben. Dann gab es im April 2017 einen Infoabend, noch einen im Dezember 2017. Da fühlten sich viele schon nicht mitgenommen. Von der 2016 so oft beschworenen Transparenz war nicht viel zu sehen, der Klub bereitete sich im Hintergrund vor. Letztlich stand aber eine gewaltige Mehrheit der Mitglieder hinter dem Vorhaben. Auf der Jahreshauptversammlung 2016, kurz nach Einstieg des neuen Präsidiums, wurden die neuen Gremien mit starken Mehrheiten bestätigt, Rückenwind für die Pläne. (Fast) alle waren an Bord. Die aktive Fanszene und viele andere engagierte Fans eher nicht. In Paderborn oder Lotte kratzte die Ausgliederung niemanden, in Münster gab es reichlich Gesprächsbedarf. Das ging am Ende soweit, dass die Mitglieder den Klub dazu drängten, ein eher Investoren-unfreundliches Modell zu wählen. In Kürze formuliert: Geldgeber dürfen zwar Geld geben, haben aber wenig Einfluss darauf, wie das Geld verwendet wird, weil sie praktisch keinen Zugriff auf relevante Gremien und Entscheidungspositionen haben. Es dürfte aus heutiger Sicht kaum überraschen, dass es dem SCP bis jetzt nicht gelungen ist, weitere Geldgeber zu finden.

Unbeabsichtigt sorgte der (Noch-)Verein dafür, dass in der Fankurve eine neue Einheit entstand. Nach neun Jahren der Trennung rückte die Fanszene wieder zusammen – vereinigt gegen die Ausgliederungspläne. „Der eingetragene Verein ist das Herzstück von Preußens Identität und muss in seiner Gänze bewahrt werden! Der deutsche Fußball ist mittlerweile ein Sammelbecken von Fußball spielenden Unternehmen, die sich meilenweit von ihrer Basis entfernt haben. Wir wollen kein Teil dieser kranken Fußballwelt sein! Preußen Münster ist anders und soll es auch bleiben!“, hieß es in einem Infoblatt, das beim Spiel gegen Fortuna Köln verteilt wurde. „Preußen Münsters Ultragruppen und aktive Fanclubs kämpfen von nun an gemeinsam für den Erhalt des eingetragenen Vereins in seiner jetzigen Form.“

Um ehrlich zu sein, war das auf einer romantischen Ebene zu verstehen. Es war ziemlich viel auf einmal, was der Klub seinen Mitgliedern und Fans zumutete. Auf der anderen Seite: Hatte nicht der Dauerzoff um Thomas Bäumer bewiesen, dass es nicht auf eine Gesellschaftsform ankommt, sondern auf Menschen? Ob der SC Preußen Münster nun als GmbH & Co. KGaA aufläuft oder als e.V.: Welchen Unterschied macht das? Zumal beim SC Preußen ohnehin in allen Gremien die gleichen Personen in Amt und Würden sind. Unten auf dem Rasen kicken Spieler, nicht eine Gesellschaft. Die Debatte, die 2017 so heftig und emotional geführt wurde, war zugleich wichtig für das Selbstbild, aber eben auch ein bisschen absurd.

Andere Probleme tauchten schnell genug auf. Im November 2017 wurde langsam deutlich, dass der Verein erhebliche Verbindlichkeiten mit sich herumschleppte. Exakte Zahlen hielt der SCP unter Verschluss, erst sollten die Mitglieder auf der Hauptversammlung informiert werden. Etwas konkreter machte es der SCP auf einem Mitgliederabend im Dezember. Der Klub sei bilanziell überschuldet, wie Wirtschaftsberater Frank Nordhoff nüchtern feststellte. Rund 170 Besucher folgten den Ausführungen über die geplante Ausgliederung. Und wer noch Zweifel an der angespannten Lage des Vereins hatte, bekam erstmals schwarz auf weiß (besser: rot auf weiß) dargestellt, wie es um den SC Preußen steht. Seit Sommer 2014 hatte sich das negative Eigenkapital signifikant verschlechtert. Zum Stichtag 30. Juni 2016 musste der Klub ein negatives Eigenkapital von rund zwei Millionen Euro ausweisen. Nordhoff zitierte aus einem DFB-Report über die Lage des Vereins. In dem Schreiben aus September 2016 wurde deutlich, was der DFB monierte: „Die jahrelang positive Entwicklung des Eigenkapitals wurde in kurzer Zeit wieder zunichte gemacht." Und weiter: Der Verein dürfe nicht durch „gewagte finanzielle Wege" auffallen – gemeint sind hier Vorgriffe auf Einnahmen. Uiuii. Nun also die Ausgliederung. „Alternativlos" für die Entwicklung des Vereins, wie Präsident Christoph Strässer und Aufsichtsratschef Frank Westermann unisono erklärten. Die Schulden würden aus dem Verein auf die Kapitalgesellschaft übergehen. Nordhoff präzisierte natürlich, dass dem negativen Eigenkapital auch stille Reserven gegenüberstehen: Spieler und die Marke „Preußen Münster". Deren Wert müsse man natürlich gegenrechnen – „dann steht da vielleicht kein Minus mehr, sondern ein Plus." Alles eine buchhalterische Frage, so Nordhoff.

Deutlich spürbar war in jedem Fall der Wille der Verantwortlichen, den zahlreichen Anregungen aus dem Klubumfeld Rechnung zu tragen. In allen Gremien einer künftigen GmbH & Co. KGaA würden von Mitgliedern gewählte Vertreter sitzen. Die Mitgliederversammlung des Stammvereins werde immer mitbestimmen, welchen Kurs die Kapitalgesellschaft steuert. Das war ein zentraler Punkt für viele Kritiker, der speziell für den SC Preußen Münster realisiert wurde, wie Frank Nordhoff anmerkte. Deutlich formulierte Nordhoff auch, wie nach einer Ausgliederung der Stammverein geschützt werde. Auch im Fall einer Insolvenz der Kapitalgesellschaft bliebe der Verein Preußen Münster erhalten. Natürlich müsste er dann mit einer ersten Mannschaft wieder ganz unten beginnen – aber er bliebe bestehen und müsste nicht gelöscht werden. Ein GAU, der in der alten Vereins-Struktur viel eher denkbar wäre.

Noch einmal zur Erinnerung: Die Mitgliederversammlung wählt einen Aufsichtsrat. Der bestimmt das Präsidium. Ab dort wird es spannend. Präsidium und Aufsichtsrat bestellen den Beirat der „Preußen Münster Geschäftsführungs-GmbH". Dieser Beirat besteht künftig aus elf Personen, mehrheitlich aber zwingend aus gewählten Vertretern. Aus dem elfköpfigen Beirat wird ein fünfköpfiger Hauptausschuss bestellt, der das Tagesgeschäft übernimmt. Eine einfache Frage der Praktikabilität. Beirat und Hauptausschuss sind in jedem Fall die zentralen Beschlussgremien. Und beide Gremien werden mehrheitlich immer aus von Mitgliedern gewählten Personen bestehen. Der Hauptausschuss beruft zwei Geschäftsführer für Sport und Finanzen. Diese Geschäftsführer leiten die Abteilung „Profifußball" in der KGaA. Interessant aus Sicht der Kritiker: Investoren in der KGaA hätten zwar einen Sitz in der Hauptversammlung der Kapitalgesellschaft, dürften sich bei entsprechender Einlage auch in deren Aufsichtsrat bestellen lassen – aber hätten dort praktisch keinerlei Entscheidungsgewalt. „Das ist nicht unbedingt investoren-freundlich", wiederholte Frank Nordhoff. Aber der Klub dokumentierte damit, dass hier kein Platz für Scheichs oder Heuschrecken sein soll, die den Verein übernehmen könnten.

Die Debatte um Einfluss und Mitsprache brachte auch manch seltsame Forderung mit sich. Aus Reihen der Kritiker wurde 2017 wiederholt die Forderung erhoben, die Mitgliederversammlung müsse immer über den Einstieg von Investoren entscheiden. Ein logistischer Albtraum und aus Sicht der Verantwortlichen weder praktikabel noch freundlich.

In der gesamten Debatte um die Ausgliederung gab es zwei Konstanten: Eine klare Ablehnung, unabhängig von Argumenten, aus dem Bereich der Fanszene. Und die immer wieder genährte Hoffnung, der SCP werde durch die Ausgliederung eine bessere Zukunft vor sich haben. Zwar mühten sich die Beteiligten, keine Versprechungen zu machen, der neue Sportchef Malte Metzelder betonte, es würden nicht sofort „Goldesel" vor der Tür stehen, aber insgesamt machte der ganze Klub eher den Eindruck, als ginge es jetzt erst richtig los.

Vom Schwung dieser Überzeugung oder Hoffnung profitierte die Ausgliederungs-Debatte bis Januar 2018. Da waren die Mitglieder gefragt. Für 600 Menschen hatte der SCP den Saal bestuhlt, am Ende drängten sich über 920 Mitglieder zur Abstimmung. Spätestens beim Blick in den Saal durfte man das Ergebnis ahnen – und so kam es auch. Viereinhalb Stunden dauerte die Sitzung, in der altbekannte Argumente formuliert wurden, dann bekam der Klub eine Mehrheit von 84,21 Prozent für die Ausgliederung. Nach der Abstimmung verließen vor allem die Vertreter der aktiven Fanszene enttäuscht den Saal, während der große Rest einen Aufbruch feierte.

„Im Moment ist das noch nicht spürbar", so Präsident Christoph Strässer über seine Gefühlslage. „Aber es ist großartig. Großartig, dass sich so viele Mitglieder mit ihrem Verein identifizieren und klare Botschaften aussenden." Aber auch Strässer gab damals zu: „Rational bin ich zufrieden, emotional noch nicht." Unglücklich mit dem Ergebnis waren dagegen viele Fans. Im Stadion stellten viele Fangruppierungen den Support ein. Für länger als ein

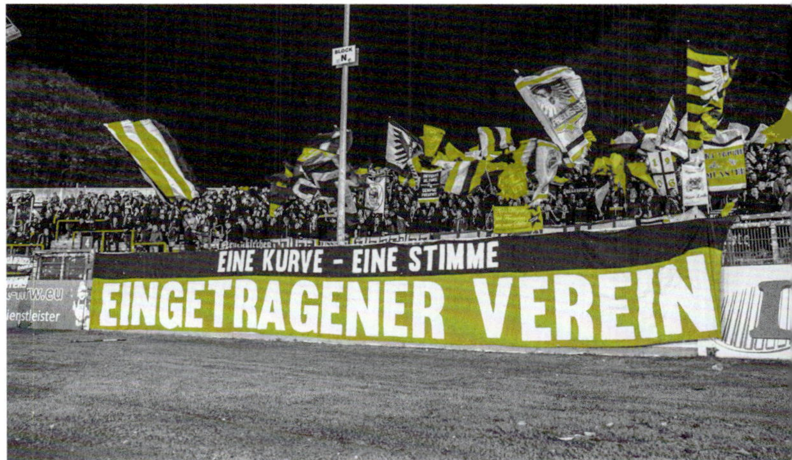

In der Kurve war 2017/2018 die Botschaft klar: Der SCP muss ein eigetragener Verein bleiben.

Jahr wurden die Heimspiele der Adler zu ziemlich stillen Veranstaltungen.

Zu den seltsamen Begleiterscheinungen der Ausgliederung gehörte, dass statt neuer Investoren immer nur mehr neue Verbindlichkeiten zu Tage befördert wurden. Der Schuldenberg wuchs und wuchs. Anders formuliert: Bis heute hat die Ausgliederung nicht die Wirkung gezeigt, auf die viele gehofft hatten. Was sie aber bewirkt hat, war die Rettung des Klubs vor dem wirtschaftlichen Ruin. Der eingetragene Verein SC Preußen Münster ist schuldenfrei und gesund, die KGaA und damit die Lizenzspielerabteilung steht auf sicheren Füßen. Allerdings auch ohne finanziellen Spielraum. Die Hoffnungen, die Liga zu verlassen, wurden unangenehm verkehrt erfüllt, jetzt steht der SCP wieder da, wo er 2006 einen langen Anlauf genommen hatte.

Und nun?

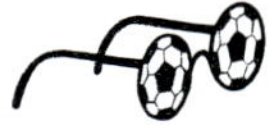

Und nun? Nun müssen die Preußen ihre eigene Rolle neu definieren. Vor längerer Zeit schon hatte der SC Preußen auf Anregung aus der Fanszene beschlossen, für sich ein Leitbild zu entwickeln. Natürlich kann man darüber schmunzeln. Ein Leitbild kann im schlechtesten Fall eine Sammlung blumiger Worte sein, die man ausdruckt und sich irgendwo hübsch an die Wand hängt. Ein Leitbild zählt nichts, wenn es nicht gelebt oder einfach umgesetzt wird. Eine Erfahrung, die vor gar nicht langer Zeit der westfälische Nachbar FC Schalke machen musste. Als dessen damaliger Aufsichtsratschef Clemens Tönnies mit seinem rassistischen Ausfall zum Kinderreichtum in Afrika für Unruhe sorgte, half das Leitbild dem Klub auch nicht. Nicht einmal der Ethikrat hatte den Mumm, Punkt acht des Schalker Leitbildes zur Grundlage einer Entscheidung zu machen: „Von uns Schalkern geht keine Diskriminierung oder Gewalt aus. Wir zeigen Rassismus die Rote Karte und setzen uns aktiv für Toleranz und Fairness ein.“ So stand es geschrieben. Aber danach hatten die Königsblauen nicht gehandelt. Erst der Corona-Skandal in Tönnies’ Fleisch-Werk brachte den Unternehmer auf Schalke zu Fall.

Ein Leitbild kann helfen, verschiedene Ideen und Überzeugungen in einen Rahmen zu binden. Es zwingt, sich selbst zu reflektieren und sich klar zu werden, wie man im Klub miteinander umgehen will, was die Ziele sind und möglicherweise auch, auf welchem Weg man sie erreichen will. Für den SC Preußen Münster wäre es ein gutes Signal, ein verbindendes Element zu schaffen. Leider war dieses Leitbild in den vergangenen Monaten und Jahren stets das erste, das in den Hintergrund rückte. Natürlich sollte man so ein Leitbild auch nicht mit Bedeutung überfrachten. Es handelt sich nicht um eine Bedienungsanleitung für den Tagesbetrieb. Manches erledigt der SCP (oft auf das Betreiben der Medienabteilung) ganz allein und ohne Leitbild. Gegen Fremdenfeindlichkeit, Rassismus und Diskriminierung positioniert sich der Klub schon heute.

Zwei Anlässe ragen dabei heraus. Als die AfD Münster Anfang 2017 einen Beitrag des SC Preußen Münster auf Twitter teilte, reagierte der Klub umgehend. „Auf manche Likes & Retweets können wir verzichten, AfD Münster. Eure Politik passt nicht zu unserem SCP." Dazu der Hashtag #dankeaberneindanke. Der Tweet wurde zu einem der erfolgreichsten in der jüngeren Vergangenheit. Klare Kante gegen die Rechtsausleger, die in Münster glücklicherweise nur eine winzige Rolle spielen.

Die zweite starke Position vertrat der SCP, und mit ihm zugleich das gesamte Publikum im Stadion, als im Heimspiel gegen die Würzburger Kickers der Gästespieler Leroy Kwadwo von einem Tribünenbesucher rassistisch beleidigt wurde. Erst einmal herrschte Verwirrung, dann wurde der Besucher identifiziert und kurz danach dank zahlreicher Hinweise aus dem Publikum gefasst. Im Stadion reagierten die übrigen Besucher spontan und eindeutig: „Nazis raus!" skandierte das Publikum. Eine klare Haltung aus dem gesamten Klub – und die eigentlich böse Geschichte bekam einen positiven Dreh. Eine positive Nachwirkung, weil sich so viele gegen Rassismus gestellt hatten. Deutschlandweit stand der SCP im Rampenlicht, am Ende waren die Schlagzeilen durch die Bank gut wegen des starken Zeichens, das aus dieser Szene hervorging.

Übrigens: Auch aus der Fanszene der Preußen wurde diese klare Haltung schon einige Male sichtbar. Beispielsweise 2011, als im Heimspiel gegen RW Oberhausen Banner gegen die Nazimarke Thor Steinar zu lesen waren. KEINE TOLERANZ hieß es damals. Etwas weniger öffentlich, aber nicht weniger wichtig: Es gab da vor einigen Jahren Vertreter der Identitären Bewegung, die ziemlich ruppig aus der Kurve geworfen wurden. Solche Dinge geschehen auch abseits einer größeren Bühne, aber genau solches Handeln spricht für die Fanszene der Preußen.

Haltung geht auch ohne Leitbild. Trotzdem: Im Januar 2020 versprach Preußens Präsident Christoph Strässer, dass eine Projektgruppe ins Leben gerufen werden sollte, um binnen eines Jahres ein Leitbild zu entwickeln. Es sollte auf der Hand liegen, dass diese Projektgruppe transparent und sinnvoll besetzt ist. Die Arbeit läuft im Hintergrund an, aber bis zum Juli 2020 war noch kein öffentliches Wort darüber zu hören. Dabei böte sich doch gerade jetzt die Chance, Freunde und Fans des Klubs einzubeziehen. Zu fragen, was ihnen der SCP bedeutet. Einfach mal zuhören und Gedanken mitnehmen in den Prozess. Das geht auch in Corona-

Zeiten. Die Homepage des Klubs würde sich ideal eignen, um eine Umfrage zu starten. Warum nicht?

Kampagnenpleiten

Es wäre schon viel gewonnen, wenn der Klub wenigstens manchmal den Willen dokumentieren würde, auf Leute zu hören, die etwas zu sagen haben. Mit etwas Glück wäre dem Klub die Peinlichkeit „Torschützenverein" erspart geblieben. Erinnert sich jemand? Falls nicht, dann zu Recht. Denn der SC Preußen selbst schob das unauffällig zur Seite. Zum 111. Geburtstag im Frühjahr 2017 war niemand vorbereitet, so dauerte es bis zum Spätsommer, ehe die Preußen plötzlich und für alle überraschend noch eine „Jubiläumskampagne" veröffentlichten. Im Kern eine typische Agenturarbeit ohne emotionalen Bezug zum SC Preußen Münster, wie schon in der Beschreibung deutlich wurde. „Die Hamburger Kreativköpfe von Jung von Matt – einer der renommiertesten und bekanntesten Werbeagenturen Deutschlands – unterstützen den SC Preußen bei der Konzeption und Implementierung einer Kampagne, die das Jubiläumsjahr unter ein einheitliches Motto stellt und die Stadt sowie die Region auf einzigartige Art und Weise umarmt", hieß es. Die „Umarmung" bestand in einer völlig sinnlosen Verknüpfung von

Der Abstieg in die Regionalliga bietet gezwungenermaßen eine neue Chance, sich neu aufzustellen. Eine Identität zu finden, die Geschichte und Ziel gleichermaßen abbildet. Dazu braucht es zwingend einen Prozess, der Mitglieder, Fans oder Freunde des Clubs einbezieht. Für jede/n steht der SC Preußen für etwas anderes, alle haben unterschiedliche Erwartungen an den Klub. Aber welche Erwartungen? Soll der Klub sich einreihen in die lange Schlange von Traditionsklubs, die mit aller Macht in den Profifußball wollen? Oder geht es ins andere Extrem, dem Beispiel des TuS Haltern folgend, sich bewusst als Stadtclub aufzustellen, der ligaunabhängig auf Spieler aus Stadt und Umgebung setzt? Beides wären denkbare Szenarien, wenngleich es eher wahrscheinlich ist, dass die meisten einen erfolgreichen Klub erleben möchte, der nur nicht um jeden Preis agiert. Aber um das zu erfahren, müsste man halt mal nachfragen. Sich hinterfragen.

 Schützenvereinen und Fußball beim SCP. Dabei hat der Klub mit Schützenvereinen in etwa so viel zu tun wie mit Rinderzucht. Hätte man 100 Preußenfans befragt, wäre niemand auf die Idee gekommen, diesen erzwungenen Gag vorzubringen. Dass der alberne Torschützen-Claim zu alledem in eine Zeit fiel, in der die Mannschaft in der Liga in einem erheblichen Abwärtstrend steckte, machte die Sache nur umso alberner. Da half es auch nicht, dass der Torschützenverein mit einem „Augenzwinkern" verkauft werden sollte. Der Klub verzichtete schon bald freiwillig auf diesen Unfug aus Hamburg. Das hat der SCP auch gar nicht nötig.

Dass der SC Preußen hin und wieder Ideen hat und versucht, Begeisterung zu wecken, liegt auf der Hand. Aber nichts hatte Bestand, vieles war einer Augenblicks-Idee geschuldet. Mal ging es um Mitgliedergewinnung, mal einfach um die Beziehung zum Klub. Im Sommer 2011 gab Christoph Metzelder sein Gesicht her für die Kampagne „Ich bin's." Der Klub wollte damals die Zahl seiner Mitglieder von kümmerlichen 1.300 auf die magische Zahl von 1.906 hieven. Was dann nur geringfügig weniger kümmerlich wäre. Dafür gab es ein Lächeln, ein Plakat mit dem albernen Zitat „Weil sie die königlichen Fans haben!", was erstens angesichts der oft gestörten Beziehung zwischen Fans und Klub unpassend erschien und zweitens ziemlich bemüht daherkam. Nicht zufällig verschwand auch diese Mitgliederaktion ohne irgendein großes Echo. Die Marke von 1.906 Mitglieder hat der Klub seitdem gerissen, aber sicher nicht wegen dieser Kurzzeit-Aktion von 2011.

„Ich bin Preußen" war auch so eine Aktion. Prominente (darunter erneut der unvermeidliche Christoph Metzelder, aber auch Oberbürgermeister Markus Lewe) mit Münster-Bezug bekannten sich in einer Plakatreihe zum Klub. Das sollte Begeisterung schüren, Nachahmer finden. Pustekuchen. Ein paar der Plakate hängen noch in der Tribüne des Preußenstadions, die Aktion selbst hat sich vor Jahren schon in Luft aufgelöst. Nachhaltigkeit null. Es sei auch erinnert an die Aktion der „Lebenslangen Mitglieder". Für damals 1906 Mark (so war nach meiner Erinnerung die Zahl, aber das war in den Neunzigerjahren und einiges ist seitdem etwas … unscharf geworden) konnten sich Fans eine lebenslange Mitgliedschaft im Klub sichern. Was erinnert heute noch an die

Aktion? Nichts. Andere Klubs feiern das, der FSV Zwickau führt jedes lebenslange Mitglied (kostet 1990 Euro) auf seiner Webseite, eingerahmt in Lorbeer. Beim SCP ist das vergessen und untergegangen.

Stolz und Visionen

Vielleicht hilft die Bachelor-Arbeit des Preußen-Mitarbeiters Moritz Schwegmann dem Klub bei der Gestaltung seines Selbstbildes. Schwegmann hatte im Frühsommer 2020 eine „Markenanalyse eines professionellen Fußballvereins" am Beispiel des SC Preußen Münster erarbeitet. Darin nutzte er unter anderem drei sogenannte „Experten-Interviews" (von denen ich neben Pressesprecher Marcel Weskamp und Journalist Thomas Austermann eines geben durfte), um einen Eindruck aus verschiedenen Perspektiven zu erhalten. Kurzfazit: Mittelfristig wird der SC Preußen Münster nach Auffassung von Schwegmann ein (Vertrauens-) Problem bekommen, wenn es nicht gelingt, den Klub in der Stadt positiver darzustellen. Das dürfe er auch mit „Ecken und Kanten" tun. Nicht anecken aus Prinzip, aber eine klare Haltung und ein schlüssiges Handeln wären dabei sicher hilfreich. „Wenn es dem SC Preußen gelingt, sich eine Identität zuzulegen, in der sich das Vereinsumfeld wiedererkennt, wird auf Dauer eine stärkere Bindung zueinander entstehen. Wenn sich der Verein auf diese Weise von der Konkurrenz abhebt, können außersportliche Argumente geschaffen werden, den SC Preußen als Lieblingsverein zu sehen, obwohl ein anderer Club möglicherweise sportlich besser abschneidet", so Schwegmann.

Genau deswegen kann die Leitbild-Diskussion einen wichtigen Beitrag dazu leisten, etwas Dauerhaftigkeit oder Belastbarkeit in das zu bringen, was der SC Preußen Münster nach außen präsentiert.

Wenn man im Sommer 2020 verfolgt, mit welchen Ideen der noch neue Sportchef Peter Niemeyer antrat, dann konnte man mindestens ahnen, dass da ein Gedanke vorhanden war. „Wir müssen für etwas stehen", sagte Niemeyer im Interview mit den Westfälischen Nachrichten. Als hätte er dieses Kapitel schon vorher gelesen. Niemeyer meinte die Identifikation von Spielern mit dem Klub, aber auch das Handeln des Klubs selbst. „Wir wollen hier etwas aufbauen“, so Niemeyer. Aus der Not geboren hat der SC Preußen im Sommer 2020 die Demut neu entdeckt. Kein wirtschaftliches Harakiri, sondern eine nachhaltige Entwicklung soll begonnen werden. Die blumigen und großen Worte aus dem Oktober 2016 über Bundesliga und Aufstiege klingen fast unwirklich, weil die Realität den Klub zu schnell einholte. War es nicht so, dass im Zuge der Ausgliederung einige Male die Rede davon war, ohne diese Ausgliederung könne sich der SCP vielleicht noch wenige Jahre in der Dritten Liga halten? Der Fußball hat manchmal eine eigenwillige Art, unzuverlässig zu sein. Jetzt zieht Demut ein. Ein Neuaufbau steht an.

Das ist in aller Regel ein langer Weg, der auch Enttäuschungen und Rückschläge bereithält. Haben die Fans, hat der Klub selbst die Kraft, diese Geduld aufzubringen? Auch über eine Niederlagenserie hinweg? Über länger als ein oder zwei Jahre? Dann könnte der SC Preußen sich neu aufstellen. Als ein Verein mit langer Geschichte. Ein Verein für Münster und das Münsterland. Als ein selbstbewusster Bestandteil der Stadtkultur, weil er Menschen völlig unterschiedlicher Herkunft und Umstände vereint. Als ein Fußball-Klub, der sich nicht verstecken muss vor seiner Geschichte und auch mit dem Abstieg nicht untergeht. Der sich dem Wettbewerb und den Widrigkeiten stellt, von denen er umgeben ist. Preußen Münster muss sich nicht größer machen als er ist. Der Klub muss sich aber auch nicht kleiner machen.

Welches andere Thema beschäftigt in der Stadt so regelmäßig die Gespräche im Büro, am Tresen oder sonst wo? „Wie hat denn Preußen Münster gespielt?“ Ist das nicht eine Frage, die montags viele Fans schon gehört haben? Für den SC Preußen interessieren sich auch Menschen, die gar nicht ins Stadion gehen. Der Klub hat mehr Bedeutung, als manchmal zu erkennen ist.

Wer sich im Urlaub oder bei Besuchen außerhalb als Münsteraner*in zu erkennen gibt, bekommt entweder den „Tatort“, „Wilsberg“ oder die Preußen genannt. Wetten? Auch wenn es müßig ist: Wofür ist Mönchengladbach vor allem bekannt? Oder Kaiserslautern? Sandhausen? Meppen oder meinetwegen Großaspach? Das sollte sich niemand kleinreden lassen, weder dort noch hier.

Natürlich steckt da dieser Gedanke im Hinterkopf: Was hätte aus dem SC Preußen Münster wohl werden können, wenn der Stadionneubau geklappt hätte? Diese Frage bleibt im Raum hängen, für immer ohne Antwort. Jetzt soll das alte Preußenstadion immerhin umgebaut werden, ab Herbst 2020 entstehen im ersten Schritt neue Trainingsplätze. Das alles soll auch nach dem Abstieg in die Regionalliga Bestand haben. Wenigstens etwas.

Mag auch vieles beim SC Preußen Münster von Pannen begleitet sein, so muss man den Klub zugestehen, dass er unablässig aufs Neue versucht, seinen Weg zu finden zwischen all den anderen Klubs, die ganz ähnliche Probleme haben. Ich wiederhole mich: Man sollte am Ende auch nicht zu viel Theorie über die Frage legen, wer oder was der Klub ist oder wofür er steht. Wer weiß denn schon, wofür der Hallesche FC steht? Oder Zwickau, Wiesbaden oder Braunschweig? Ein Klub ist ein Klub ist ein Fußball-Klub. Es geht nur darum, innerhalb dieser natürlichen Grenzen sein eigenes Handeln zu definieren und sich einigermaßen treu zu bleiben. Für sich und für seine Fans. Ein bisschen Kontur hat der SCP im Frühsommer 2020 mit seiner „Einspruchswelle" gegen den DFB gezeigt. Es gab Zeiten, in denen der SCP mehr oder weniger widerspruchslos hingenommen hat, was aus dem Verband kam. Aber das muss ja nicht immer so sein.

Etwas Selbstbewusstsein, etwas kritische Distanz zum „Veranstalter" des großen Fußballs, das ist doch schon etwas. Dazu darf der SCP gerne auch noch einmal betonen, welche Bedeutung er für viele, viele Menschen in der Stadt und dem Münsterland hat. Denn auf jeden Nörgler und Kritiker kommt mit Sicherheit eine oder einer, die oder der diesem Verein wohlgesonnen ist. In manchen Momenten mag man das vergessen, aber es bleibt wahr. Alle 14 Tage, gelegentlich häufiger, treffen sich tausende davon auf den alten Rängen. So wahnsinnig viele andere Ereignisse gibt es im Münsterland nicht, die regelmäßig 5.000, 7.000 oder mehr Menschen versammeln. Eben diese Menschen sind das Faustpfand des Klubs. Fans, Freunde, Sympathisanten: Ihnen allen ist die Treue nicht abzusprechen. Nicht klaglos oder widerspruchslos, aber am

Ende unverdrossen gehen sie den Weg der Preußen seit Jahren mit. Nicht immer im Stadion, manchmal nur noch aus der Ferne.

Auch wenn der Fußball in der bürgerlichen Stadt Münster nicht die Rolle spielt wie in Dortmund oder Gelsenkirchen oder Kaiserslautern, lässt sich die Stadtgemeinschaft doch begeistern, wenn der SC Preußen positive Schlagzeilen schreibt. Vielleicht sieht sich der SCP selbst schon zu kritisch? Vielleicht bekommen die „schlechten" Themen etwas mehr Aufmerksamkeit als die guten Themen? Auch deswegen möchte man den Klub manchmal anflehen, dass er diese schönen Geschichten selbst etwas aktiver schreibt. Etwas mehr sichtbar wird in der Stadt und der Umgebung. Das ist alles viel verlangt von einem Drittligisten, jetzt erst recht von einem Viertligisten.

Für den Moment wäre schon damit gedient, wenn der Klub die Regionalliga als eine neue Aufgabe annimmt. Sie war nicht gewünscht, aber sie wurde gestellt. Und die gute Nachricht ist: Es scheint, als habe der SCP begriffen, dass ein Neubeginn notwendig, aber möglich ist. Viele gute Zeichen wurden bereits gesetzt. Das Leitbild entsteht. Mit einer Plakat-Kampagne machte sich der Klub in der Stadt sichtbar. Der ehemalige Spieler und Münsteraner Ole Kittner kehrte als Teil einer Projektgruppe zurück. Insgesamt präsentiert sich der ganze SC Preußen Münster im Herbst 2020 selbstbewusst und positiv, aber nicht arrogant. Wir alle können helfen, dass es so bleibt. Denn zusammen sind wir der SC Preußen Münster. Es ist unser aller Verein und das ist das Wichtigste. Nicht vergessen und dann heiter weiter.

In der Reihe Bibliothek des Deutschen Fußballs sind bereits erschienen:

Bd. 1 1. FC Union Berlin (Jörn Luther)
Bd. 2 SV Babelsberg 03 (Rico Noack)
Bd. 3 BFC Dynamo (Marco Bertram)
Bd. 4 FC Energie Cottbus (Jens Batzdorf)
Bd. 5 1. FC Lokomotive Leipzig (Freundeskreis Probstheida)
Bd. 6 BSG Chemie Leipzig (Alexander Mennicke)
Bd. 7 1. FC Magdeburg (Jente Knibbiche)
Bd. 8 F.C. Hansa Rostock (Marco Bertram)
Bd. 9 1. FC Nürnberg (Benjamin Wolf)
Bd. 10 FC Rot-Weiß Erfurt (Matthias Klaß)
Bd. 11 1. FC Köln (Andreas Merkel)
Bd. 12 SG Dynamo Dresden (Uwe Leuthold)
Bd. 13 FC Sankt Pauli (Fabian Fritz & Gregor Backes)
Bd. 14 SV Waldhof Mannheim (Andi Nowey)
Bd. 15 FC Carl Zeiss Jena (Jörg Dern & Toni Schley)
Bd. 16 FC Bayern München (Marcel Neudeck)
Bd. 17 Borussia Mönchengladbach (Steffen Andritzke)
Bd. 18 Eintracht Braunschweig (Uli Hannemann)
Bd. 19 S.C. Fortuna Köln (Heribert Rösgen & Matthias Langer)
Bd. 20 FSV Frankfurt (Franziska Blendin)
Bd. 21 BSG Wismut Gera (Mario Krüger)
Bd. 22 FSV Zwickau (Norbert Peschke & Dieter Völkel)
Bd. 23 Fußball in der DDR (Frank Willmann)
Bd. 24 TSV 1860 München (Stephanie Dilba)
Bd. 25 VfB Stuttgart (Andreas Zweigle & Sebastian Rose)
Bd. 26 Kickers Offenbach (Steffie Wetzel)
Bd. 27 VfL Bochum (Fabian Budde)
Bd. 28 FC Erzgebirge Aue (Burg)
Bd. 29 1. FC Saarbrücken (Carsten Pilger)
Bd. 30 Karlsruher SC (Peter Dittmann)

Bd. 31 Borussia Dortmund (Eva Kienholz & Nikita Afanasjew)
Bd. 32 Eintracht Frankfurt (Dominik Bardow)
Bd. 33 Fortuna Düsseldorf (Julian Rieck)
Bd. 34 1. FC Kaiserslautern (Eric Scherer)
Bd. 35 SC Paderborn (Stephan Simann)
Bd. 36 SC Preußen Münster (Carsten Schulte)

In der Reihe Bibliothek des Österreichischen Fußballs sind bereits erschienen:
Bd. 1 First Vienna Football Club (Alexander Juraske)
Bd. 2 SK Rapid Wien (Thomas Lanz)
Bd. 3 Wiener Sport-Club (Christian Bunke)
Bd. 4 FK Austria Wien (Clemens Zavarsky)

In der Reihe Bibliothek des Internationalen Fußballs sind bereits erschienen:
Bd. 1 Partizan Belgrad (Boban Lapčević)